Lo *Stemma di Genova* ai tempi della
Venerabile Giovanna Battista Solimani

LULU.com

APRILE 2020

La firma della Venerabile *Giovanna Battista Solimani*

Il 28 novembre del 2019 il Santo Padre ha ricevuto in udienza Sua Eminenza Rev.ma il signor Cardinale *Angelo Becciu*, Prefetto della Congregazione delle *Cause dei Santi*. Il Sommo Pontefice ha infatti autorizzato la medesima Congregazione a promulgare, finalmente, il *Decreto sulle Virtù eroiche* della Serva di Dio Giovanna Battista Solimani (1688-1758), al secolo Maria Antonia, Fondatrice delle *Monache Romite di San Giovanni Battista*. A lei dedico questo mio lavoro, nella speranza di vederla al più presto beatificata e, un giorno, canonizzata.

Francesco Occhibianco

La mistica di Genova

Suor Giovanna Battista SOLIMANI
(1688-1758)
Fondatrice delle *Monache Romite*

LULU.COM

V. Serva di Dio Giovanna M.ª Battista Soliman
Fondatrice delle Monache Romite
e de Missionari della Congregazione
di S. Giovanni Battista.

Francesco Occhibianco

Introduzione

A farmi conoscere Giovanna Battista Solimani (al secolo Maria Antonia) è stata una lettera che la fondatrice delle *Monache Romite* inviò il 30 aprile del 1745 ad un benefattore genovese, un tal Giuseppino Torre.

Senza avere la pretesa di aggiungere nuove informazioni a quelle già egregiamente fornite dal *Processo diocesano*[1] e dagli agiografi, lo scopo del libro è quello di ricordare questa stimmatizzata[2] vissuta nel XVIII secolo, partendo proprio dall'inedita missiva in mio possesso, che ha acceso i riflettori su un personaggio davvero molto interessante, che ebbe una vita avventurosa, quasi da romanzo.

Questa donna, nonostante ad alcuni possa sembrare un'esaltata, una visionaria, una figura anacronistica distante anni luce dalla vita odierna, risulta affascinante non solo sotto il profilo mistico, ma anche per la sua ferrea determinazione a voler fondare un Ordine religioso (a tal proposito diceva di averne una certezza, più se avesse avuto migliaia di scudi alla *Banca di San Giorgio*[3]), nella piena consapevolezza di essere una predestinata.

---

[1] SACRA RITUUM Congregatione, *Beatificationis et canonizationis venerandae servae Dei Ioannae M.ae Baptistae Solimani fundatricis sanctimonialium et sacerdotuum missionariorum sancti Ioannis Baptistae: nova positio super virtutibus*, Roma 1894.

[2] Cfr. H. Thurston S.I., *Fenomeni fisici del misticismo*, Edizioni Paoline, 1956, p. 95: dopo aver ricevuto le stigmate, chiese che le ferite *aperte e sanguinanti...le venissero cancellate*, cioè rese *invisibili*.

[3] L. Canepa, *Vita della Venerabile Serva di Dio Giovanna Maria Battista Solimani, fondatrice dell'Ordine delle Monache Romite*, Genova 1787, p. 55.

Tra le molteplici visioni che accompagnarono la sua esistenza ce ne furono alcune spaventose e raccapriccianti sull'*Inferno*. La Solimani "vide" una moltitudine di peccatori che vi si incamminavano *in loco d'ogne luce muto*, come scrisse Dante; "vide", anche, i supplizi e i tormenti dei condannati alle pene eterne.

Dio, indicandole uno dei tanti *posti vuoti*, le disse: -*Se non osserverai la mia legge, uno di questi sarà per te*-[4].

Nel tratteggiare la biografia della Solimani mi sono soffermato sulle tappe salienti della sua vita, costellata di mirabolanti episodi, alcuni dei quali sbalorditivi.

Oltre alle *Romite,* la Solimani fondò una Congregazione di religiosi che affidò al cofondatore padre Domenico Francesco Olivieri, morto in odore di santità, il cui apostolato consisteva nella missione evangelizzatrice in paesi lontani al fine di convertire *gli infedeli*[5].

Già nella *Vita* di Lorenzo Canepa (1787), rettore del nobile *Collegio Durazzi*, fu sottolineato il suo *focoso impeto di zelo;* giunta a Roma da Genova per vedere riconosciuta la *supplica* dal papa Benedetto XIV, la *Venerabile* sentiva dentro di sé il desiderio di predicare ai *non cristiani* e le si struggeva il cuore *per la viva brama di far loro conoscere Gesù Cristo*[6].

---

[4] *Ibidem*, p. 25.

[5] Il suo ideale missionario resterà *intatto* fino alla vecchiaia. A Moneglia invitava le Romite all'orazione mentale ed esclamava: -*Oh, le povere turcotte che sono alla marina e ci stanno aspettando!*- (L. Canepa, cit., p. 84). Anche quando era anziana continuava a pensare alla conversione dei peccatori, degli infedeli e, in particolare, delle donne musulmane: -*Ahi, quelle povere turche! Chi le ammaestra? Chi le battezza?*-. (L. Canepa. cit., p. 239).

[6] L. Canepa, cit., p. 140.

Ed aggiungeva: -*Ahi, son donna, e andar non posso a predicare agli infedeli...Ah, s'io potessi, vorrei dir loro...*[7].

Sincera, onesta, umile, virtuosa, carismatica: per queste qualità fu apprezzata da ragguardevoli personaggi. Il papa Prospero Lambertini volle incontrarla per affidarsi alle sue ferventi preghiere; il confessore pontificio padre Mario Maccabei la seguì in tutte le fasi della fondazione dell'Ordine.

Quando parlò con lei il doge di Genova Lorenzo De Mari ne restò *soggiogato e vinto*[8].

Della Solimani ebbe una profonda stima il predicatore e missionario dei *Frati Minori* Leonardo da Porto Maurizio (1676-1751), canonizzato nel 1867: il futuro santo, nel periodo in cui predicò a Genova, nella sua omelia parlò in modo encomiastico della suora, che volle conoscere e della quale ebbe *un ottimo concetto*[9].

La Solimani entrò in contatto con l'abate Francesco Maria Imperiali Lercaro (1692-1770)[10] e con Paolo Gerolamo Franzoni (1708-

---

[7] *Ivi.*

[8] G. Musso, *Una mistica del secolo XVIII. Vita della Madre Giovanna Battista Solimani, fondatrice delle Romite di S. G. Battista*, Genova 1960, p. 122.

[9] L. Canepa, cit., p. 159.

[10] Cfr. E. Rufini, *Il Servo di Dio Francesco Maria Imperiali Lercaro, fondatore dei Missionari detti imperiali e l'Opera delle cappellette di S. Luigi affidata agli stessi missionari*, Libreria editrice vaticana 1992.

1,052 — Doge di Genova.

1778)[11], cugino del doge Matteo Franzoni (1682-1767) e fondatore della *Biblioteca Franzoniana* di Genova. Per una questione anagrafica non fu però lui a ricevere nel 1727, dal nuovo arcivescovo di Genova Niccolò Maria De Franchi, l'incarico di diventare il confessore della Solimani[12], ma l'abate Gerolamo Franzoni (1653-1737), suo zio.

San Leonardo da Porto Maurizio (1676-1751)

---

[11] Su Paolo Gerolamo Franzoni si leggano i seguenti contributi: 1. A. Serra, *L'abate P.G.F. e le opere religiose e culturali da lui fondate in Genova*, Genova 1937; 2. F. De Negri (Mons.), *L'Abate Paolo Gerolamo Franzoni. Fondatore degli Operai Evangelici e delle Madri Pie*, Genova 1954; 3. M. Angelini, *Profilo Paolo Gerolamo Franzoni (1708-1778), sacerdote*, Istituto Madri Pie, Ovada 1998.

[12] L. Canepa, cit. p. 66. Allora la *Venerabile* aveva 39 anni. In precedenza il suo confessore era stato il padre Atanasio da Voltri, poi eletto Provinciale. Inizialmente la Solimani rinunciò ad un confessore-*scienziato, un po' troppo dedito al passatempo*. Questo religioso, risentitosi, cominciò a denigrarla, dicendo che era una *scimunita* ed *illusa (Ivi)*.

S. LEONARDUS A PORTU MAURITIO

Ordinis Minorum Strict. Observ. S. Recessus S. Bonaventuræ Urbis

Immaculatæ B. Mariæ Virginis Conceptus

Adsertor et propugnator eximius

Questo anziano religioso, *nobile genovese e pio sacerdote di chiara fama*[13] provvide *a sue spese*[14] a chiamare *architetti e capomastri*[15] per trasformare una casa (in località *Castagna*, presso Quarto) che la suora aveva avuto in eredità dal padre, *per dar mano all'opera della Fondazione*[16] e fece acquistare *certi panni che dovevano servire per gli abiti delle nuove Romite*[17].

La mistica ebbe dei doni soprannaturali[18].

Una volta, al suono della campana, molti testimoni la videro *rapita fuori dai sensi*[19]; lo scuotimento del suo corpo fu tale che cominciarono a *scricchiolare*[20] le vetrate della casa.

L'arcivescovo Niccolò De Franchi

Le sue estasi erano frequenti. Fu proprio durante uno di questi *rapimenti* che restò letteralmente incantata da san Giovanni Battista, le cui *ceneri* si

---

[13] F. Cozzolino, *Una mistica genovese. Giovanna Battista Solimani, fondatrice delle Romite di San Giovanni Battista (1688-1758)*, Edizioni Segno, 1999, p. 73.

[14] *Ibidem*, p. 67.

[15] *Ivi.*

[16] *Ivi.*

[17] *Ivi.*

[18] Tra i tanti doni suor Solimani aveva anche quello della *ierognosi*, ovvero la conoscenza di *ciò che era sacro* e *benedetto* e di ciò che non lo era.

[19] F. Cozzolino, *cit*, p. 54.

[20] Cozzolino, p. 73.

custodiscono gelosamente nella cattedrale di *San Lorenzo* a Genova.

In una *locuzione* immaginaria, come un vero e proprio *oracolo*, il *Precursore* di Cristo, rivolgendosi a Gesù Bambino, si lamentava del fatto che fino ad allora nessuno gli avesse ancora dedicato un Ordine religioso. Il Bambino gli indicò la Venerabile (che assisteva alla scena), assicurandogli che un giorno sarebbe stata proprio Maria Antonia Solimani a fondare una *Congregazione* che avrebbe portato il suo nome.

San Giovanni Battista *parla* a Gesù Bambino. A dieci anni la Solimani ebbe la rivelazione che un giorno avrebbe fondato un monastero e *ne fu proverbiata come di vana e fanciullesca immaginazione* (L. Canepa, cit., p.15). Cfr. A. Bacigalupo, cit., p. 219: davanti alle sue consorelle si meravigliava di come San Giovanni Battista le avesse rivelato la *Regola*

La Serva di Dio conobbe anche un altro santo; nella sua *Vita* il Canepa riportò l'incontro che la Solimani ebbe con il chierico Paolo, figlio di Luca Danei e di Anna Maria Massari, originario di Ovada, in provincia di Alessandria.

Il giovane, che trovò alloggio nella casa del marchese e senatore della Repubblica Paolo

San Paolo della Croce

Gerolamo Pallavicini (1677-1746)[21], era il futuro Paolo della Croce (1694-1775), proclamato santo nel 1867. Dopo essersi presentati, i due giovani si sedettero a conversare a lungo e si confidarono desideri e speranze. Nel 1737 frate Paolo diede vita ai *Chierici scalzi della santa Croce e della Passione di nostro Signore Gesù Cristo*, meglio conosciuti come *Passionisti*.

Fu il papa Benedetto XIV ad approvare la *Regola* (il 15 maggio 1741) del nuovo Istituto di san Paolo della Croce, che era giunto nella *Superba* nel cuore dell'inverno del 1721, dopo aver attraversato, a piedi, le nevi dei ghiacciai e le fitte boscaglie popolate di lupi, *col capo scoperto e scalzo*[22].

I genovesi che lo incontravano per strada lo scambiavano per un *matto*[23].

Frate Paolo, avendo riconosciuto nella Serva di Dio *un lume superiore all'umano*[24], per tutta la durata del

---

[21] Cfr. *Gli Archivi Pallavicini di Genova* (Inventario a cura di Marco Bologna), Genova 1994.

[22] *Vita del Venerabile Servo di Dio P. Paolo della Croce, fondatore della Congregazione dei Chierici Scalzi della SS. Croce e Passione di Gesù Cristo*, Roma 1821, p. 20.

[23] *Ivi.*

EFFIGIE DEL BEATO PAOLO DELLA CROCE
Fondatore de' Chierici Scalzi della SSma. Croce,
e Passione del N. S. G. C. morto in Roma,
li 18. Ottobre 1775. d'anni 82.

suo soggiorno a Genova *venne assai volte a conferire con lei sopra cose di spirito e alla maggior gloria di Dio e al ben della Chiesa appartenenti*[25].

Entrambi, inoltre, *da divina luce illuminati, vennero a predirsi la fondazione che erano per fare*[26].

Giovanna Battista Solimani era così innamorata della sua terra che a Genova e non altrove (come ad esempio a Roma) volle fondare il primo monastero, sotto il patrocinio e l'*invocazione* di San Giovanni Battista.

È una femmina come son tutte le altre[27], tagliava corto il suo direttore spirituale don Olivieri,

---

[24] L. Canepa, cit. p. 65.
[25] *Ivi.*
[26] *Ivi.* Cfr. G. Musso, cit., p. 59.
[27] L. Canepa, cit., p. 192.

14

rivolgendosi ai devoti che gli chiedevano *qualche singolare pregio*[28] della Romita. Ma egli stesso sapeva bene che la Solimani era una donna diversa dalle altre. Quando, infatti, molti anni prima l'arcivescovo di Genova Niccolò De Franchi gli aveva chiesto di essere la guida spirituale di Maria Antonia l'Olivieri, inizialmente, non volle accettare questo incarico, *impaurito dalle straordinarie manifestazioni soprannaturali*[29] della Solimani.

Il dotto e virtuoso[30] frate agostiniano Nicola Roppi, originario di Carmagnola, celebre panegirista, la incoraggiò ad andare a Roma[31]. La Solimani era richiesta sia dai nobili che dai plebei che volevano confidarle ciò che neppure ai confessori dicevano, ovvero i loro *temporali bisogni e le miserie interne dell'anima*[32].

La Serva di Dio ascoltava tutti con dolcezza e pazienza; interrompeva perfino le sue orazioni, *che erano la maggior delizia del suo spirito*[33], pur di farsi carico delle sofferenze altrui.

Dispensava la sua saggezza, confortava i tribolati e custodiva i segreti più reconditi che le venivano affidati.

Qualità rarissima nelle donne, scrisse il Canepa, *solite per lo più a tenere il segreto come l'acqua il crivello*[34].

---

[28] *Ivi.*

[29] G. Musso, cit., p. 67.

[30] L. Canepa, p. 126.

[31] Per frate Alessio, teologo della Repubblica, non era necessario che la Solimani si recasse a Roma; santa Teresa, infatti, come affermò il carmelitano, aveva ottenuto l'approvazione della *Regola* senza tuttavia lasciare la Spagna (*Ibidem*, p. 127).

[32] *Ibidem*, p. 201.

[33] *Ivi.*

[34] *Ivi.*

San Paolo della Croce
FONDATORE   DEI PASSIONISTI

Giovan Battista Perasso (1735-1781),
fu il protagonista della *Sollevazione di Genova* (1746)

Il 1746 fu un anno "cruciale" per Genova: il 5 dicembre, nel quartiere di *Portoria,* un tal Giovan Battista Perasso, soprannominato *Balilla*[35] (1735-1781), lanciò un sasso su un drappello di soldati austriaci, gridando: -*Che l'inse?*-[36]. Così facendo, diede avvio alla rivolta popolare dei genovesi contro gli occupanti. In quei giorni la Solimani, che pochi mesi prima era diventata badessa, nel chiuso del suo monastero invitò le suore ad intensificare le preghiere, sia di giorno che di notte, *per impetrar da Dio e dalla Vergine aiuto in quel sì grave bisogno*[37], ovvero per la liberazione di Genova dall'assedio. La *Venerabile, udendo esservi tra le truppe austriache molti eretici*[38], aveva paura per la sorte dei cristiani e fu udita pronunciare queste parole: -*Quel che soprattutto mi importa è la Fede: di questa io temo, e per la conservazione di essa in primo luogo dobbiamo pregare*[39]-.

La *Novena* venne interamente dedicata all'*Immacolata Concezione*; nella *villa* del convento le suore portarono in processione, scalze e con una fune al collo, la statua di *Nostra Signora della Misericordia*[40].

Una sera suor Solimani si gettò a terra con le braccia aperte a forma di croce e pronunciò parole che alle sue consorelle sembrarono *ruggiti*[41]: la *Venerabile* chiese a Dio (-*Dove siete, Signore, che io non vi vedo?*[42]-) di sospendere il castigo e di risparmiare una città minacciata e *gravata* dalle armi straniere.

---

[35] Il termine significa *ragazzino.*
[36] Questa espressione vuol dire: -*La comincio?*-; -*Volete che cominci?*-.
[37] L. Canepa, cit., p. 181.
[38] *Ivi.*
[39] *Ivi.*
[40] *Ibidem*, p. 182.
[41] *Ivi.*
[42] *Ivi.*

Il calzolaio *Balilla* diede inizio alla famosa *sollevazione di Genova* del 5 dicembre 1746. Al posto del sasso fu forse lanciata *una forma da scarpe*

I genovesi erano *stomacati*[43] dal comportamento arrogante e presuntuoso dei teutonici: la rivolta ebbe inizio, come detto, dal lancio di pietre nei confronti dei soldati, i quali volevano costringere alcuni passanti, a suon di bastonate, a porgere loro un aiuto, per recuperare una bombarda che era finita sotto le ruote di un carro: la sassaiola mise in fuga gli Alemanni, sui quali "piovvero" anche, dalle finestre, stoviglie e acqua bollente. Questo episodio fu la scintilla che diede fuoco alle polveri: per cinque giorni si verificarono violenti scontri armati; si fecero barricate e si scavarono trincee. Anche le donne e i fanciulli concorsero a "trascinare" l'artiglieria, mentre dai

---

[43] *Ivi.*

pubblici magazzini si prelevarono munizioni. Scrisse il Canepa che tanto era l'ardore del popolo, che niente poté arrestarlo, neppure *la pioggia che cadeva dirottissima*[44].

Così il Bacigalupo nella *Vita* (1875): *Il popolo genovese, non come ora discorde per discrepanza di fede religiosa e di costume...ma stretto e forte di una sola credenza, di un sol cuore e di un sol labbro*[45] unì tutte le sue forze per proteggere Genova. Ed anche la Solimani difese la città con la sua arma migliore, cioè con la preghiera[46], con una raffica di orazioni e con la recita del *Salmo 135*. Le autorità civili genovesi, come rimarcò il Musso, *ben sapevano qual focolaio di carità fosse il Monastero delle Romite e qual potere avessero le preghiere della Serva di Dio. Il Senato, infatti, nei momenti più critici della guerra, o prima di iniziare un'azione pericolosa, mandava a chiedere al monastero preghiere e offriva generose elemosine e grossi ceri*[47]. Molti cittadini abbandonarono le proprie abitazioni e misero al riparo suppellettili e masserizie.

La Serva di Dio tranquillizzò un benefattore del convento, che era indeciso se trasportare i suoi beni in un luogo sicuro oppure lasciarli nella propria dimora: la Venerabile gli disse di non muovere neppure un mobile, perché non vi sarebbe stato alcun pericolo[48].

---

[44] *Ibidem*, p. 184.

[45] A. Bacigalupo, *Vita della Venerabile Serva di Dio Giov.nna M. Battista Solimani, fondatrice dell'Ordine delle Monache Romite e della Congregazione dei sacerdoti missionari di S. Giov. Battista*, Tipografia della Gioventù, Genova 1875, p. 163.

[46] Cfr. *Cronachetta degli Ordini religiosi. Romite di San Giovanni Battista*, in «La Settimana religiosa», periodico religioso di Genova, Anno XXII, Genova 1892, p. 459: la calamità era *avvenuta sopra Genova in castigo del lusso smoderato e delle altre irriverenze delle donne genovesi in chiesa. Intese pure i demonii concertare fra di loro la distruzione totale della città.*

[47] G. Musso, cit., p. 132.

[48] A. Bacigalupo, cit., p. 164.

Su questo memorabile episodio si legga anche E. Pandiani, *La cacciata degli Austriaci da Genova nell'anno 1746*, Torino 1923

21

Lo stemma di *Genova* con due grifoni. Sulla corona *Giano bifronte*

Il Vicario di Genova Monsignor Salvatore Castellini (1670-1755)[49] la vide in estasi che, rivolgendosi alla Madonna, diceva: *-Salva Genova! Salva Genova!*[50]. Un giorno spuntarono all'orizzonte undici navi e quattro palandre nemiche lanciate all'assalto della città, ma furono fermate *dalle batterie e baluardi di questa, con tanta tempesta di palle e bombe fulminate*[51].

Una mattina, dopo le preghiere (tra cui il *Salmo 90: Qui habitat in adiutorio Altissimi*)[52], le suore salirono sul terrazzo del monastero e la Solimani, guardando il

---

[49] Cfr. D. Cambiaso, *I Vicari generali degli arcivescovi di Genova* (a cura di G. M. Carpaneto). Eletto prevosto delle Vigne, *resse la parrocchia con grande pietà e dottrina* (p. 58)

[50] Cfr. L. Canepa, cit., p. 170; A. Bacigalupo, cit., p. 164. All'inizio Monsignor Castellini fu contrario alla creazione di un nuovo *Ordine religioso* ed addirittura strappò o bruciò la *Regola* che la Solimani gli aveva consegnato. La Serva di Dio, però, sapeva che lo stesso Castellini ne aveva trascritto una copia che aveva conservato per sé. Cfr. L. Canepa, cit., p. 54; G. Musso, cit., p. 61.

[51] A. Bacigalupo, cit., p. 164.

[52] «*Tu che abiti al riparo dell'Altissimo*».

mare, raddoppiò le invocazioni. Al lancio di ogni granata proveniente dalle imbarcazioni nemiche, diceva: -*Santissima Vergine, fatela piombare in mare*-[53]. Ed in effetti *quei globi sterminatori o per aria scoppiavano o perdevansi tra le onde*[54].

Un ordigno, che stava colpendo le mura del convento, cadde subito in acqua, non appena la Venerabile gridò: -*Santissima Vergine, non voglio!*-[55].

Altre bombe, *levatesi in alto, poco s'appressavano a terra, ma o crepavano in aria o precipitavano in mare*[56]. A questo punto al primo biografo non sfuggì il tripudio delle suore le quali, *piene di confidenza in Dio*, nel vedere ciò cominciarono a trovare *piacevole e dilettoso tale spettacolo*[57]. Le claustrali restarono sul terrazzo a pregare fino a quando *un legno nemico, sforacchiato dalle palle genovesi, riparando al largo, fu seguito da tutti gli altri*[58].

Il 10 dicembre *le avide truppe*[59] nemiche furono cacciate dalla città, anche se pochi giorni dopo si ripresentarono *per vendicarsi della ricevuta sconfitta*[60].

Il 13 aprile del 1747 la Solimani, temendo la vittoria degli austriaci, si inginocchiò e alla presenza delle *Romite* proferì parole memorabili che restarono scolpite nel cuore dei genovesi:

-*Signore, sfogatevi contro di me, se vi fa piacere, ma perdonate la città. Si salvi Genova e vengano sopra me tutti i flagelli. Giacché Voi, mio Dio, scoccate i dardi, questi hanno*

---

[53] *Ibidem*, p. 165.
[54] *Ivi.*
[55] *Ivi.* Cfr. L. Canepa, cit., p. 271.
[56] L. Canepa, cit., p. 171.
[57] *Ivi.*
[58] A. Bacigalupo, p. 165.
[59] *Ibidem*, p. 163.
[60] L. Canepa, p. 185.

Thurwanger. lith.   Imp. F. Didot. Paris.

LA BELLE JARDINIÈRE d'après RAPHAËL.

(Musée du Louvre)

prima a ferire me, misera creatura[61]-.

In questa circostanza non solo fu vista in estasi, ma sembrò a tutti che il Signore avesse ascoltato le sue parole; la Venerabile, infatti, come se fosse trafitta da tante frecce, aggiunse: -*Son tutta saettata*[62]-.

E Genova fu salva.

Cimeli e reliquie della *Venerabile* Solimani. La foto è tratta dal libro di Giovanni Musso, *Una mistica del secolo XVIII*, Genova 1960

---

[61] *Ibidem*, p. 186.
[62] *Ivi.*

PRIMA PARTE

PROFILO
BIOGRAFICO

Francesco Occhibianco

La V.le Serva di Dio
Giovanna M.ª Battista Solimani
Fondatrice delle Monache Romite e de'
Missionari della Cong.ne di S. Giovan Battista

Una bella immagine della mistica genovese

- **LA PROFEZIA DEL GESUITA PAOLO SEGNERI (1624-1694).** Il *principe della eloquenza sacra italiana*[63] tenne un *quaresimale* a Genova[64]: in questa occasione conobbe la mamma della Solimani, che allora portava nel grembo la futura Fondatrice delle *Monache Romite*. La giornata soleggiata faceva registrare temperature elevate; il grande *"concionator"* passeggiava nei *carruggi* della città e ad un tratto vide tre matrone, una delle quali era gravida.

Il missionario gesuita *Paolo Segneri (1624-1694)*

---

[63] È questo il titolo del volume a lui dedicato in occasione del *Terzo centenario della nascita: Il principe della eloquenza sacra in Italia. P. Paolo Segneri D.C.D.G. Note biografiche*, 1924.

[64] In particolare a Genova il Segneri tenne un *Panegirico su san Tommaso d'Aquino*. Cfr. *L'ingegno donato da Dio in onore di san Tommaso d'Aquino*, in «*Opere del padre Paolo Segneri della Compagnia di Gesù*» (dedicate all'*Altezza reale* di Cosimo il terzo, granduca di Toscana, Parma 1720, pp. 399-404).

Allora, senza pensarci due volte, strappò il parasole dalle mani del suo servitore e, come un vero gentiluomo, si accostò ad Angela Maria, difendendola dai raggi con un fresco riparo. La donna arrossì e gli chiese il motivo di questa insolita premura. Il gesuita le rispose che non doveva affatto meravigliarsi, perché bisognava avere riguardo per il "frutto" che ella portava dentro di sé e che un giorno sarebbe stato *di molta gloria a Dio e di profitto alla Chiesa*[65]. Le parole dell'ìnclito predicatore, autore di opere importanti come i *Quaresimali*, le *Orazioni Panegiriche*, *La manna dell'anima*, *L'incredulo senza scusa*, risultarono profetiche.

Angela Maria Belandi, la mamma della *Venerabile* Solimani

---

[65] L. Canepa, cit., p. 4.

Il Sègneri era celebre in tutta Italia per le sue prediche appassionate e gli accademici della *Crusca* lo indicarono come esempio di oratore sacro. Nella riviera di Genova le autorità locali furono costrette a mettergli attorno le guardie, come scrisse il padre Giuseppe Massei[66], tanto grande era la stima che la gente nutriva nei suoi confronti. I fedeli desideravano ricevere da lui una benedizione: qualcuno arrivava, perfino, a tagliargli la veste. Per difenderlo dalla calca gli procurarono una *sedia coperta*[67], una specie di lettiga. C'era chi conservava gli avanzi del pane che aveva mangiato e chi gioiva per una semplice mediaglietta da lui ricevuta in dono; venivano scambiati i fazzoletti e i berrettini; la corona di spine che egli usava nelle processioni penitenziali diventò oggetto di contesa. *I tavolini medesimi sopra i quali aveva predicato si tenevano in venerazione*[68] e la gente, spesso, li faceva a pezzi per ricavarne delle reliquie, non curandosi dei proprietari che, armati di bastoni, cercavano di *impedirne la preda*[69].

Per vederlo alcuni salirono sui rami degli alberi e ci fu chi, a causa del peso, cadde a terra[70]. La scena dell'incontro tra il gesuita e la mamma della Serva di Dio si svolse, precisamente, a Quinto al Mare, dove in quel periodo il missionario declamava le sue omelie; nel vedere la donna incinta camminare lungo la via polverosa, il Sègneri utilizzò *una singolare cortesia*[71] nei

---

[66] Cfr. G. Massei, *Breve ragguaglio della vita del padre Paolo Segneri della Compagnia di* Gesù, Milano 1701. La citazione è tratta dallo stesso volume pubblicato in «Opere del Padre Paolo Segneri della Compagnia di Gesù», Venezia 1773, p. 51.

[67] *Ivi.*

[68] *Ivi.*

[69] *Ivi.*

[70] *Ibidem*, p. 15.

[71] A. Bacigalupo, cit., pp. 8-9.

P. PAVLVS SEGNERI
SOCIE TATIS IESV MISSIONARIVS ET CONCIONATOR
OBIJT DIE IX. DECEMBRIS MDCXCIV.

Hieronymus Rossi incid.

suoi confronti, proteggendola dai dardi di *un sole fiammeggiante*[72]; il viso di Angela Maria si colorò *di pudico rossore*[73]. Il predicatore le parlò *con serietà e gentilezza*[74], ma ad alta voce, in modo tale che tutti i presenti potessero sentire le sue parole.

-Non se ne turbi, signora-, le disse tra rispettoso ed affabile il religioso: questo non fo per lei, sì per la creatura che seco porta; io gliela raccomando come cosa a Dio cara, destinata a far onore a Lui e alla sua Chiesa-[75].

• **LA NASCITA-** Maria Antonia Solimani nacque ad Albàro (*un'ampia e dilettevole piaggia*[76]), un delizioso e ridente centro rurale di Genova, il 12 maggio del 1688. Suo padre Gian Giuseppe era un mercante ed *onorato cittadino,* da tutti *benvoluto e stimato*[77]. Uomo onesto e caritatevole, nei suoi poderi dava ospitalità ai forestieri e ai pellegrini[78]. Sua madre si chiamava Angela Maria Belandi ed era originaria di Voltri[79]. Dalla loro unione nacquero 14 figli (5 maschi e 9 femmine)[80]. A causa di

---

[72] G. Musso, cit., p. 17.

[73] A. Bacigalupo, cit., pp. 8-9.

[74] G. Musso, cit., p. 18.

[75] A. Bacigalupo, cit., pp. 8-9.

[76] L. Canepa, cit., p. 3.

[77] G. Musso, cit., p. 17.

[78] L. Canepa, cit., p. 18. Giuseppe morì il 5 settembre del 1724.

[79] Cfr. L. Canepa, cit., p. 70: quando nel 1730 Maria Antonia lasciò Genova per recarsi a Moneglia la donna capì che non avrebbe mai più rivisto sua figlia: scoppiò a piangere e svenne; per renderle *meno sensibile l'amara partenza,* dalla finestra della sua stanza la Serva di Dio lanciò il materasso ed alcuni suoi effetti personali. Angela Maria Belandi morì cinque anni dopo, nel 1735.

[80] La famiglia Solimani viveva il Cristianesimo *in modo integrale* (cfr. G. Musso, cit., p. 41). Giuseppe ed Angela Maria erano molto devoti a san Giovanni Battista. Cfr. G. Musso, cit., p. 16: in un dipinto un antenato della *Venerabile* fu raffigurato con il Battista *che gli tendeva la mano in un gesto benedicente.* Dal loro matrimonio (cfr. G. Musso, cit., p. 41: *una serra ove sbocciano ed olezzano i fiori più belli delle virtù*)

un dissesto Gian Giuseppe (1651-1724) *abbandonò la mercatura*[81] e cominciò a vivere delle *rendite dei propri poderi*[82]. Il 16 maggio Maria Antonia ricevette le acque lustrali, battezzata da don Francesco Molinari, arciprete di Albàro, *sacerdote ben costumato e zelante*[83].

nacquero 14 figli: 1. *Maria Nicoletta*; 2. *Giovanni Francesco*; 3. *Maria Teresa*; 4. *Nicolò Maria*; 5. *Geronima*; 6. *Maria Caterina*; 7. *Giovanni Battista*; 8. *Maria Battistina*; 9. *Giovanna*; 10. La *Venerabile Maria Antonia*; 11. *Giacomo Filippo*; 12. *Paola*; 13. *Francesca Maria Margherita*; 14. *Barnaba Giovanni*.

[81] L. Canepa, cit. p. 3.

[82] *Ivi.*

[83] *Ibidem*, p. 29. Cfr. P. Fontana, *L'esorcismo nella Genova e nella Liguria di età moderna* (secoli XVI-XVIII), in «Ricerche Teologiche», 20, 2009, pp. 107-141. Il sacerdote Molinari fu però accusato di esorcismo e di *sollecitatio ad turpa* (istigazione a commettere peccati sessuali durante la confessione). In una deposizione del 27 novembre del 1717 la Solimani raccontò (*pro exoneratione suae conscientiae*) che il parroco una volta non la confessò, perché l'aveva già fatto. La teste aggiunse che il sacerdote le mise la mano sulla testa e lesse la pericope evangelica di Giovanni *per il dubbio che fosse ossessa* e poi le prese la mano vicino al petto.

DE VITA

SERVÆ DEI

JOANNÆ MARIÆ

BAPTISTÆ SOLIMANI

Quæ Ordinem Virginum *Eremitarum* & Sacerdotum *Missionariorum* Congregationis S.Joannis Baptistæ fundavit.

COMMENTARIOLUM

A JOSEPHO PLACIDI ADVOCATO CONSCRIPTUM.

ROMÆ MDCCLXXXII.

IMPRIMEBAT ANTONIUS FULGONIUS
PRÆSIDUM FACULTATE.

La prima *Vita* sulla Serva di Dio, scritta da Giuseppe Placido, fu pubblicata a Roma nel 1782

• **UN'INFANZIA PRODIGIOSA**- *I suoi primi trastulli*, come si legge su una guida di Genova, *ne presagirono la santità*[84]. Fin dalla più tenera età, infatti, Maria Antonia fu una bambina *speciale* che ebbe, *gratiae gratis datae,* le specifiche peculiarità delle mistiche: quando aveva appena tre anni ascoltava *le dolcissime melodie*[85] degli Angeli.

Un giorno, mentre in cucina veniva lavorata la farina per produrre il pane, le serve cominciarono a schernirla e a *metterla in novelle*[86], per quella sua fisima di fondare un monastero. Allora lei, *piena di santa confidenza in Dio*[87], rispose loro che un giorno avrebbe davvero compiuto una tale impresa. E, mentre parlava, l'impasto che stringeva tra le mani, con lo stupore di tutti, improvvisamente cominciò a lievitare[88].

Educata in un ambiente profondamente cristiano (il padre organizzava la *Via Crucis* in uno dei poderi di sua proprietà), la piccola, che aveva anche uno zio prete ed una zia suora, crebbe con un'assidua e fervente perseveranza nella preghiera.

Al *terzo* del Rosario, recitato insieme alla mamma, al papà e alla sua numerosa famiglia, Maria Antonia aggiungeva volontariamente un Rosario tutto suo, detto per intero, accompagnato dal *Piccolo Ufficio della Vergine*. Insomma, pur essendo *vivace, piena di vita e di allegria*[89], non era una bambina come le altre. I genitori guardavano con indulgenza e stupore alcuni

---

[84] F. Alizeri, *Guida artistica per la città di Genova*, Genova 1847, vol. 2, parte seconda, p. 1072.
[85] G. Musso, cit., p. 24.
[86] L. Canepa, cit., p. 15.
[87] L. Canepa, p. 15.
[88] *Ivi*. Cfr. G. Musso, cit., p. 36.
[89] G. Musso, cit., p. 25.

PASCITVR ET PASCIT

suoi comportamenti anomali non solo per la sua età: alle sorelle e coetanee regalava cilizi o funicelle piene di nodi; costruiva dei *monticelli di terra*[90] sopra i quali posizionava una croce di legno, per simulare il Gòlgota, ricordando *ad alta voce i patimenti di Cristo*[91].

Si chiudeva in camera e, visibilmente commossa, si inginocchiava ai piedi del Crocifisso: *nella memoria aveva scolpita la Passione di Cristo*[92] che ardeva di amore, fino a gridare: *-Dio mio, non più, non più, ché non posso reggere agli impeti del Vostro divino Amore-*[93].

Pertanto spesso era costretta a spalancare le finestre oppure a correre in giardino per prendere un po' d'aria ed attenuare le improvvise vampate che le si accendevano in volto.

Un giorno in casa Solimani fu organizzato un ricevimento; al momento della musica e dei balli Maria Antonia volle starsene da sola e andò a nascondersi in un angolo remoto della casa: ad un certo punto ebbe una visione. Gesù le pose sul capo una corona di spine

---

[90] L. Canepa, cit., p.5.
[91] G. Musso, p. 24.
[92] L. Canepa, cit., p. 23.
[93] *Ivi.*

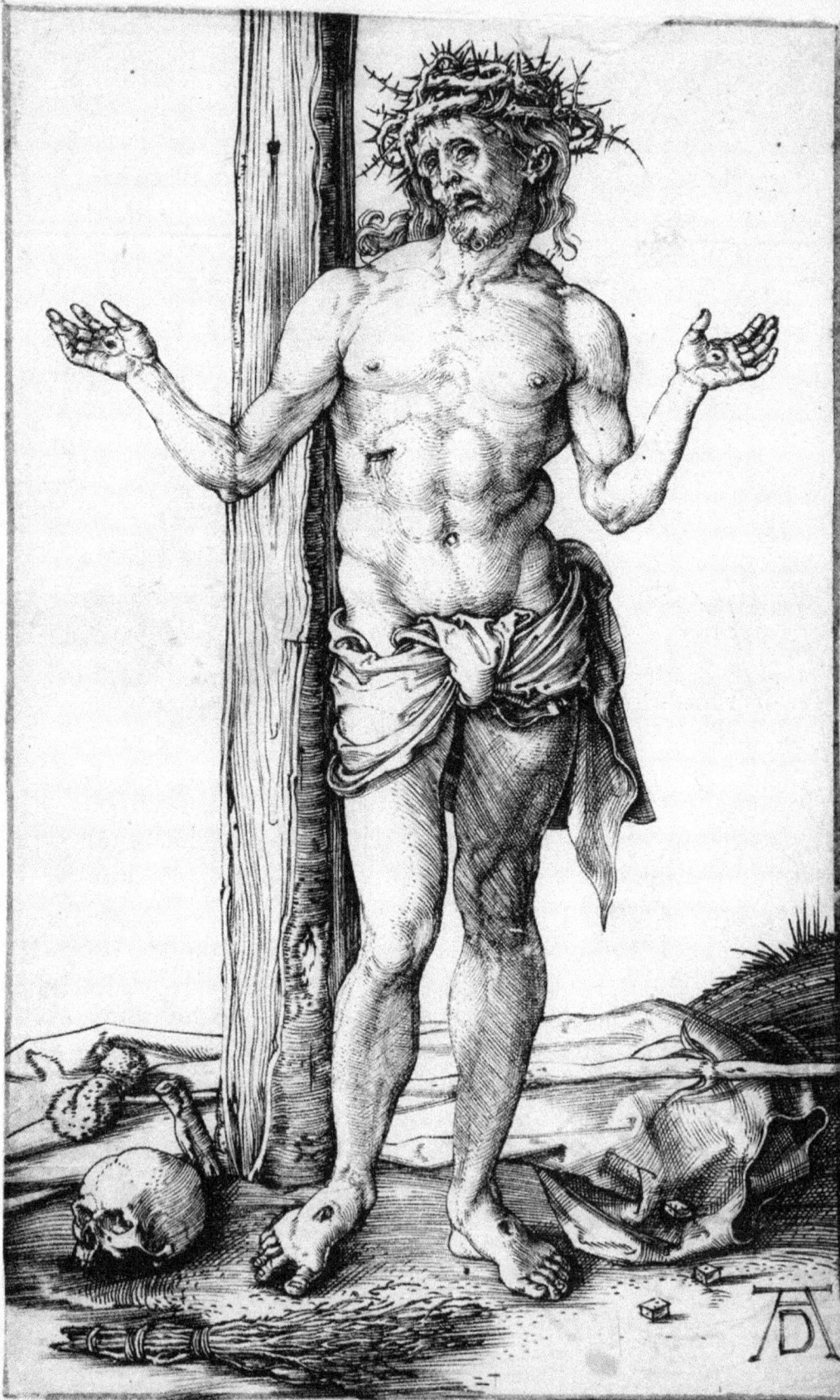

invisibile, che lei porterà per tutta la vita[94]. Il dolore fu *acerbo e penetrante*[95] e la Serva di Dio cadde a terra tramortita[96].

Il volto di Cristo con la corona di spine

---

[94] Suor Solimani soffrì di mal di testa: sua nipote suor Romualda, quando le tagliava i capelli, trovava tra le lame delle forbici delle misteriose *spine rossastre* (Cfr. L. Canepa, cit., p. 25). Cfr. G. Musso, cit., p. 42.

[95] *Ibidem*, p. 25.

[96] Cfr. A. Bacigalupo, cit., p. 26.

Quando la sera sentiva in lontananza le tremule voci delle Clarisse del vicino monastero si stendeva sul pavimento e si univa alla loro preghiera; volendo imitare le penitenze di santa Gertrude di Helfta («*Anche io posso farlo*»[97], disse tra sé), *a bello studio*[98] si infilava di nascosto *nelle scarpette pietrucce o chiodi per provarne l'asprezza delle punture*[99], oppure praticava rigorosi digiuni durante le Quaresime. In generale si cibava *di cose vili e grossolane*[100] e mangiò sempre pochissimo, schivando *ogni delicatezza di gusto per amore della povertà*[101].

Dalla mamma ebbe il permesso di coltivare a suo piacere un piccolo orto: ai bisognosi distribuiva la verdura e i legumi che in esso vi crescevano[102].

Inoltre, aveva cura di spolverare le statue del Crocifisso e della Beata Vergine *ed ornarle quanto più poteva con lumi e fiori*[103].

Non mancavano le offese (veniva considerata *una illusa...un'isterica*[104], *vittima di ossessione diaboliche*[105]...*una pazza che stava coprendo di ridicolo la sua famiglia*[106]) e strani episodi, come quella volta che il

---

[97] L. Canepa, cit., p. 9.

[98] *Ivi.*

[99] *Ivi.*

[100] F. Annibali, *Storia degli Ordini regolari colla vita de' loro fondatori*, Napoli 1796, p. 257.

[101] A. Bacigalupo, cit., p. 217. I poveri sono *di bocca buona,* diceva la Solimani alle proprie consorelle; una volta, anziché buttarli, senza neppure cospargerli d'aceto, mangiò per una settimana dei *pescetti* che un benefattore aveva regalato al convento. In questa occasione disse: -*Ancor io son verme della terra e presto devo esser loro cibo ed esca*- (Cfr. *Ibidem*, p. 217).

[102] Cfr. L. Canepa, cit., p. 9.

[103] L. Canepa, cit., p. 7.

[104] G. Musso, cit., p. 22.

[105] *Ibidem*, p. 49.

[106] *Ivi.*

Demonio, sotto forma di *un terribil ceffo*[107], tentò di strangolarla[108].

St.Anton v.Pad.

St.Anton v.Pad.

Giuseppe Solimani, papà della *Venerabile*, invocò sant'Antonio da Padova per ottenere la guarigione di sua figlia Maria Antonia, che era stata colpita da *una ardentissima febbre*. Le sue preghiere, rivolte al santo di Lisbona, del quale era molto devoto, vennero esaudite

---

[107] L. Canepa, cit., p. 5.
[108] Cfr. G. Musso, cit., 28. Cfr. L. Canepa, cit., p. 21: pregando e facendo penitenza la Solimani si sottrasse agli assalti del Demonio che cercò più volte di assediarla *con suggestioni e sconce immagini*.

Ogni perdita di tempo *in cose vane e frivole*[109] le sembrava un peccato; per questo imparò a ricamare[110].

Un giorno, distraendosi a causa di uno svago innocente, per evitare che Gesù potesse in un certo senso "rimproverarla", prese il Crocifisso che era appeso alla parete e lo rinchiuse in un ripostiglio. A questo punto, all'improvviso, la stanza cominciò a tremare, come se fosse stata battuta da una scossa di terremoto. A Maria Antonia sembrò di ascoltare una voce che le diceva di non essere ancora riuscita ad *allontanarsi dal mondo*[111]. In questi anni, per intercessione di sant'Antonio da Padova, scampò ad *una mortale infermità*[112].

Per ottenere la guarigione di sua figlia Giuseppe fece celebrare molte messe al santo originario di Lisbona; inoltre, promise che le avrebbe fatto indossare l'abito di sant'Antonio che gli era pure apparso in sogno[113]. La Solimani ammaestrava le

---

[109] *Ibidem*, p. 25.

[110] L. Canepa, cit., p. 10.

[111] Cfr. L. Canepa, cit., p. 24; G. Musso, cit., p. 43.

[112] F. Annibali, cit., p. 256. Nel 1751 la Solimani, ormai *cadente* e debole (per fare la *Comunione* veniva portata in braccio nella sala del *Capitolo*), guarì improvvisamente. Il Bacigalupo scrisse (cit., p. 221) che era *una tela sempre intessuta di varie infermità*. Tra queste, anche la cataratta (p. 134).

[113] L. Canepa, cit., p. 12; Cfr. G. Musso, cit. p. 33.

fantesche e le zitelle del paese che la consideravano "beata" per essersi data così presto al servizio di Dio. E lei rispondeva loro:

-*Bisogna ben far così, non sapendo se Dio ci vorrà aspettare fino alla vecchiezza*-[114].

Si privava della colazione (frutta o qualche *gustevole bocconcello*[115]) che dava alla servitù insieme ad una funicella piena di nodi per la penitenza corporale[116]. Il suo papà, nel sentire i colpi della disciplina, scoppiava a piangere; *non reggendogli il cuore per la tenerezza usciva di casa* ed andava *a passeggiar per la villa*[117].

Una volta, nel podere in località *Castagna*, a Quarto, che può essere considerato il suo primo romitaggio, la mistica fece un sermone sull'Inferno: -*Io veggo nell'Inferno persone che abitaron già e morirono in queste case*-[118].

Agli stessi lavoratori delle terre paterne insegnava *la maniera di amare Dio*[119]. Un giorno le venne il desiderio di avere le stimmate e di essere crocifissa proprio come Gesù; allora prese un *ferricino*[120] e si procurò delle piccole ferite alle mani e ai piedi.

[114] *Ibidem*, p. 10.

[115] *Ibidem*, 12.

[116] Cfr. A. Bacigalupo, cit., p. 28: una volta, volendo convertire una ragazza di Albàro che si dava alla bella vita, prese la catena del secchio e cominciò a colpirsi. La giovane restò dapprima meravigliata, poi tentò di toglierle di mano il ferro; infine, pur di farla smettere, promise che avrebbe (come in realtà fece) cambiato vita.

[117] L. Canepa, cit., p. 12.

[118] *Ibidem*, p. 42.

[119] *Ibidem*, p. 14.

[120] A. Bacigalupo, cit., p. 293.

▪ **LA PRIMA COMUNIONE-** Quando Maria Antonia si confessò per la prima volta riferì un *peccatiglio* che la affliggeva: aveva sottratto ad un colono due vinchi che le servivano per allestire la capanna del presepe. Per tutta la vita sentì il rimorso di aver "rubato" questi due ramoscelli di salice senza averne chiesto il permesso[121]. La *Prima Comunione* costituì, per lei, un incontro "materiale" con Gesù; il suo volto felice e raggiante si trasfigurò, *sembrava illuminato dal sole*[122]. Aveva dodici anni quando, nell'intimo della sua anima, il Crocifisso le annunciò che avrebbe ricevuto le stimmate[123]. Un giorno di festa non poté prendere la Comunione e questo mancato appuntamento con Gesù sarà da lei ricordato sempre *con dispiacere*[124].

Dopo la Comunione, la Solimani cadeva spesso sul pavimento priva di sensi: pertanto, per evitare che svenisse, le suore avevano allestito un'apposita sedia ricoperta di stracci e dotata di un appoggiapiedi imbottito, una specie di *sacconcello*[125].

▪ **LA CUFFIA, SIMBOLO DI VANITÀ-** Emblematico fu l'episodio della cuffia, segno di *vanità secolaresca e*

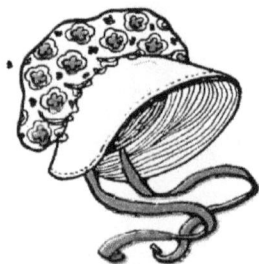

mondana[126], che la Solimani non volle più mettere nei giorni di festa, quando doveva recarsi alla messa. Ogni volta che faceva la Comunione, infatti, le sembrava che questo *odioso*

---

[121] L. Canepa, cit., p. 15; G. Musso, cit., p. 30.
[122] G. Musso, cit., p. 38.
[123] L. Canepa, cit., p. 16.
[124] *Ibidem*, p. 17. Cfr. G. Musso, cit., p. 39.
[125] A. Bacigalupo, cit., p. 244. Cfr. L. Canepa, cit., p. 256.
[126] L. Canepa, cit., p. 32.

ornamento[127] le si staccasse dal capo. Il 18 luglio del 1708, mentre si trovava in chiesa (a *Nostra Signora del Chiappeto*), insieme al padre Giuseppe e alla sorella Maria Caterina, dopo aver preso la Comunione, cadde a terra supina.

La cuffia le si staccò improvvisamente, come se una mano invisibile gliel'avesse tolta. Maria Antonia ritrovò i sensi ascoltando le parole di un suo direttore spirituale, il padre Serafino Casareto[128]; ritornata a casa confidò alla mamma che non avrebbe mai più indossato abiti pomposi di seta[129] e quella insopportabile cuffia, ma solo *una gonna dozzinale di lana di color cilestro*[130]. La gente, vedendola vestita *da fanticella*[131], ovvero con un abbigliamento che non si addiceva al suo *status,* cominciò a ridere di lei, apostrofandola con epiteti poco lusinghieri: *ipocrita, traviata, illusa, beghina, pinzochera, scimunita, milensa*[132]. In questo periodo, con una raccolta di offerte da lei stessa promossa, venne realizzato a *San Martino* un nuovo altare di marmo dedicato alla *Madonna del Carmine*[133].

Alla chiesa parrocchiale di Albàro la Solimani fece anche dono di una statua lignea della *Madonna*[134].

---

[127] *Ivi.*

[128] Cfr. G. Musso, p. 50: *il padre Serafino Casareto fu un religioso assai stimato per l'austerità di vita, per la sua scienza e per la grande bontà.* Anche questo religioso la sottopose ad alcune prove. Lo stare a lungo inginocchiata le procurò delle piaghe che "medicò" versandosi della *cera liquefatta* (L. Canepa, cit., p. 31).

[129] Cfr. L. Canepa, cit. p. 24: -*Mai più volgerò gli occhi al mondo*-. Promise a se stessa di rifuggire ogni forma di mondanità.

[130] *Ibidem*, p. 33.

[131] *Ivi.*

[132] *Ivi.*

[133] *Ibidem*, p. 31.

[134] G. Musso, cit., p. 53.

▪ LE SUE CONTINUE PENITENZE E L'USO DI UN TESCHIO- Durante la sua giovinezza Maria Antonia era solita indossare *una ruvida lana intrecciata di pruni che a bello studio raccoglieva dal bosco*[135]*;* attorno ai fianchi portava un cordiglio con punte di ferro. Dormiva su due assi a forma di croce e, quando capitava, *dentro una vecchia botticella piena di fastelli e sarmenti*[136]. Digiunava a pane nero e legumi, che raccoglieva nella villa paterna[137].

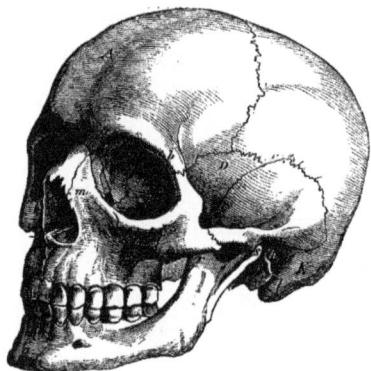

Nell'ammaestrare le fanciulle del luogo, insisteva sull'importanza della *Cresima,* che per lei era un sacramento da difendere, perché aveva constatato che molti lo trascuravano[138].

Un *teschio*[139] fu uno degli oggetti a lei più cari: le ricordava la fragilità dell'esistenza umana e, quindi, la brevità della vita. Lo teneva insieme al Crocifisso sul tavolino della sua stanza: rimirando con piacere questi due "tesori" diceva tra sé: -*Eccoti qui, tutti i tuoi più cari arredi-*[140]. Era felice di possederli, così come le donne in generale, osservò il biografo Canepa, sono contente *delle lor tavolette, tutte di lisci e di belletti ingombre ove con tanta perdita di tempo, per non dir d'altro, ad ornarsi stanno*[141].

---

[135] L. Canepa, cit. p. 18.
[136] *Ivi.*
[137] *Ivi.*
[138] *Ibidem*, p. 42.
[139] *Ibidem*, p. 18.
[140] *Ibidem*, p. 39.
[141] *Ivi.*

▪ **LE STIMMATE-** Nel mese di ottobre del 1708 la Solimani ricevette le stimmate *invisibili:* si trovava nella chiesa di *Nostra Signora del Chiappeto* quando le apparvero due Angeli che le mostrarono l'abito delle Romite, il futuro Ordine che avrebbe fondato. Poi vide *il crocifisso splendente, con le piaghe aperte di vivissimi raggi*[142]*;* tali raggi, come avvenne tanti secoli prima a san Francesco d'Assisi le penetrarono le mani, i piedi e il costato. Nel guardare le piaghe *sanguinanti pregò ed ottenne da Dio che restassero occulte*[143]. *-Ah Crocifisso! Ah, Crocifisso!-*[144], la sentirono udire le donne presenti alla scena.

San Francesco d'Assisi ricevette le stimmate
nel 1224, due anni prima della sua morte

---

[142] A. Bacigalupo, cit., p. 29.
[143] *Ivi.*
[144] *Ivi.* Cfr. L. Canepa, cit., p. 34.

▪ UNA "STRANA" MALATTIA- L'11 agosto del 1718, quando aveva 30 anni, la Solimani ebbe *una strana malattia* alla quale i medici non sapevano dare né un nome né una spiegazione; le furono praticati degli esorcismi, nel sospetto che le crisi epilettiche, i continui vomiti e i dolori lancinanti che la infiacchivano e le facevano accavallare i nervi avessero un'origine diabolica. Le diedero del vino aromatizzato con mirra che ha un effetto anestetico, ma per il conato *così forte emise dalla bocca del sangue, parte vivo e parte putrido*[145]. Per questa ragione le fu vietato di farsi la Comunione, perché si temeva, appunto, che potesse rigettare la particola. La *Venerabile* chiese a Dio *di concentrare quell'infermità tutta all'interno del suo organismo in*

Nel 1718 la Solimani ebbe *una strana malattia*

[145] F. Cozzolino, cit., p. 64.

modo da tornare ad essere autonoma[146]. Nel momento in cui i medici rinunciarono ai loro tentativi di guarigione, *i sintomi esteriori del male regredirono*[147].

Intanto, il giorno di tutti i santi, pregando per le anime del Purgatorio, *le parve di ardere viva tra fiamme cocentissime che le facevano digrignare i denti*[148]. In seguito a

questa malattia la Serva di Dio non assumerà più pasti se non la sera e ad un'ora prestabilita: ogni volta che era costretta a mangiare fuori orario, vomitava. Quando tutti furono a conoscenza del desiderio che aveva di fondare un Ordine religioso cominciò ad essere motteggiata, anche dai suoi fratelli: ad uno di questi, Niccolò, che era un sacerdote, assicurò che non avrebbe abbandonato l'impresa: -*Confessatemi voi e parlatemi da confessore e appiglierommi allora al vostro consiglio*-[149], gli disse. Un giorno un servitore le fece osservare che non era facile erigere un monastero e che, soprattutto, occorrevano molti denari.

Maria Antonia gli rispose che era fiduciosa in Dio: -*Il Signore*-, disse, -*è ricco ed è in grado di compiere cose impossibili*[150].

---

146 *Ivi.*
147 *Ivi.*
148 *Ibidem*, p. 66.
149 L. Canepa, cit., p. 55.
150 Cfr. L. Canepa, cit., p. 55; F. Cozzolino, cit., p. 67.

• IL *BALLO* DI SAN ROCCO- Nel 1719 Maria Antonia declinò l'invito del governatore di Albàro, Pietro Maria Giustiniani (le cui figlie erano sue discepole), di partecipare ad un ballo pubblico. Anzi, si oppose con fermezza alla danza popolare che ogni anno si teneva in onore del glorioso san Rocco, nella località di Vernazza. Chiese al governatore che per quel 16 agosto fosse rimandato il ballo, al quale prendevano parte massari, contadini, *giovani donne e donzelle vaghe di comparire*[151]. Una voce interna le suggerì di interrompere il ballo, che diventava audace e licenzioso; la Serva di Dio, prima di farlo, si confidò con il suo confessore (Giacinto Bagnasco) che le diede la sua approvazione. Con una corda al collo, una catena e con il Crocifisso in bella mostra si presentò in piazza e cominciò ad ammonire la folla, dando inizio ad *un lungo e grave sermone*[152]. Concluse il suo discorso dicendo che chi si voleva salvare avrebbe dovuto seguire Gesù: a questo punto la gente la accompagnò fino alla chiesa di *San Martino*, dove fu impartita la benedizione del Sacramento. Alla fine ognuno ritornò nelle proprie abitazioni. L'anno successivo, invece della festa, ci fu una processione di penitenza[153].

---

[151] L. Canepa, cit., p. 57.
[152] *Ivi.*
[153] *Ibidem*, p. 294: questo importante episodio della vita della Solimani sarà raccontato dal padre Mario Maccabei nella *Relazione* che fece al pontefice Benedetto XIV.

1580

ui morbos ope Diue fugas et corpora sanas Celle animis pestes hoc opis esto tuæ

San Rocco, in una celebre incisione di Agostino Carracci (1557-1602):
questo santo *ausiliatore* fu presente in alcuni *momenti* della vita della Solimani

▪ **GLI** *ATTACCHI* **DEL DEMONIO-** La notizia dell'interruzione del ballo di san Rocco ebbe una vasta eco e nella Repubblica di Genova si diffuse rapidamente la "fama" di santità di Maria Antonia, che fu la prima a restare confusa da tanto clamore.

La Solimani cominciò ad essere un modello di santità non solo per la gente di bassa condizione, ma anche per le *persone qualificate*[154]. Spesso la mattina si alzava con il volto tumefatto dalle percosse alle quali il Demonio la sottoponeva: il "Nemico" la batteva fieramente, scrisse il Canepa, addirittura le schiacciava il torace per soffocarla; la schiaffeggiava, le storceva le mani, il viso e le gambe: *la faceva capovolgere e capitombolare su e giù per la camera come una palla*[155].

Suor Solimani fu spesso picchiata dal Demonio che tentò in tutti i modi di indurla in tentazione. Anche quando la *Venerabile* si recò a Roma per ottenere l'approvazione delle *Regole*, gli spiriti maligni attaccarono le Romite che erano rimaste a Genova, *spaventandole con rumori notturni e con terribili larve che cagionavano strane malattie*

[154] *Ibidem*, p. 58.
[155] *Ibidem*, p. 60.

Il Diavolo, oltre a farle *orribili forme e brutti visaggi*[156], le stonava le orecchie; i suoi strepiti erano fortissimi: urlava, rintronandola con muggiti assordanti. Alle narici, poi, le mandava un fetore che riempiva la stanza di una puzza nauseabonda simile allo zolfo. Non riuscendo a vincerla in questo modo, le inviava visioni di ameni giardini, promettendole che avrebbe avuto *deliziose cose*[157] e *visioni sconce*[158]. La tentazione più difficile da combattere era il *dubbio* che il Demonio le insinuava nella testa, quello *di essere priva della grazia di Dio, che tutte le sue visioni ed estasi fossero inganni*[159] ed era spinta *a non amar più Dio e per la disperazione ad andarsi ad affogar nelle acque*[160].

Il Diavolo tentò spesso la Solimani:
le *stonava le orecchie* con orribili suoni

[156] *Ivi.*
[157] *Ibidem*, p. 61.
[158] *Ivi.*
[159] *Ivi.*
[160] *Ivi.*

▪ **LA PRIMA COMUNITÀ A MONEGLIA-** Disposta ad abbandonare il mondo, il 7 giugno del 1730, insieme a Maria Teresa Assereto, 33 anni, originaria di Recco e figlia del patrizio Gottardo, diede inizio in quel di Moneglia alla *luminosa schiera di apostole, che nell'umiltà e nel nascondimento preparavano come il Battista l'avvento del Regno*[161]. Con questa prima compagna, con la quale aveva già avuto in precedenza uno scambio epistolare, la Solimani alloggiò nella casa di proprietà di un tal Giuseppe Maria Multedi[162]. Il 12 agosto dello stesso anno la fantesca Benedetta Sturla, sua domestica, lasciò Genova e la raggiunse a Moneglia; alla comunità si aggiunse Teresa Capurra, una ragazza di 20 anni, proveniente da Avegno. Quest'ultima si ammalò di tisi; consumata dal male, rifiutò di tornarsene a casa e morì il 4 settembre del 1733. Quel giorno avvenne un fatto prodigioso: la cassa che era stata acquistata risultò piccola per accoglierne la salma. Allora la Serva di Dio prese la mano della defunta e le "ordinò" di ubbidire e di "accomodarsi" nel feretro: in quel momento sembrò che il cadavere si restringesse al "comando" della *Venerabile*[163]. A Moneglia le Romite vivevano in ristrettezze, pregando e lavorando al telaio.

Il loro pasto era frugale: a mezzogiorno ognuna

---

[161] G. Musso, cit., p. 9. Cfr.L. Canepa. cit., p. 70. La Solimani raggiunse Moneglia attraverso il mare, viaggiando su un piccolo veliero, in compagnia della vedova Rosa Dolera (*donna di illustre casato e di austeri costumi*, cfr. F. Cozzolino, cit., p. 77) e di due sacerdoti, Alessandro Grillo e Gian Benedetto Bollo.

[162] Nel 1734 le *Romite* si trasferirono in un'abitazione più grande, concessa in comodato d'uso da un tal Cesare Tagliaferro. Le pareti dell'edificio erano ammalorate e la struttura stessa necessitava di una ristrutturazione: furono le suore, aiutate dagli abitanti di Moneglia, ad occuparsi dei lavori.

[163] Cfr. L. Canepa, cit., pp. 77-78.

Moneglia, nella riviera di Levante:
la famosa *fortezza* di *Villafranca*

aveva circa tre once a testa, compresa la crusca, *di farina di castagna* o *di saggina*[164]; vi erano poi fave bollite oppure soffritte nell'olio. Le suore si nutrivano di frutta di stagione e di pane, che a sua volta era fatto di fave, di spelda o di segale, oppure di *scandella* mista con il grano, *come si usa dai più miseri campagnuoli*[165]. Infine, un pane *nericcio, pesante e duro*[166]. La cena si riduceva ad una minestra di riso o di pasta ordinaria; a tavola si mettevano insalate selvatiche o foglie di cavoli cotte con aggiunta di olio e, in autunno, castagne, fichi secchi, lupini, insalata, cipolle. Ad accompagnare i pasti c'era mezzo bicchiere di vino; di tanto in tanto un pescatore della zona offriva loro dei pesciolini che

---

[164] *Ibidem*, p. 91.
[165] *Ivi*.
[166] *Ivi*.

venivano cotti sulla brace. Nelle festività le monache si cibavano anche di un uovo sodo. Come ha scritto il Musso, Moneglia era diventata un'*oasi di gigli*[167].

Le *Romite* realizzarono, all'interno dell'edificio-monastero, una piccola cappella: una campanellina annunciava l'*Ufficio*; un *oriuolo a svegliarino* dava, invece, il segnale della recita del *Mattutino*. Con delle stoffe furono confezionati un paliotto ed una pianeta; chi aveva portato con sé monili ed orecchini d'oro e d'argento rinunciò ai suoi gioielli per l'acquisto di un calice[168].

Le prime *Romite* rinunciarono ai propri monili
per l'acquisto di un calice

---

[167] G. Musso, cit., p. 75.
[168] L. Canepa, cit., p. 89.

- **IL "FURTO" DI UN LIMONE-** Circa la scrupolosa osservanza delle *Regole* emblematico fu l'episodio del "furto" di un limone. A cena questo agrume venne spartito tra le povere *Romite*, ma il giorno dopo la *Venerabile* raccontò il fatto al suo confessore e chiese perdono alle consorelle: il giardino, e pertanto l'albero stesso dal quale era stato preso il frutto, non appartenevano al convento. Per penitenza a tavola, per un certo periodo, non comparvero più i limoni, i quali, disse la Venerabile, se non potevano entrare *per le orecchie*, non sarebbero neppure entrati *per la bocca*[169].

---

[169] *Ibidem*, p. 80.

▪ **UN VIOLENTO NUBIFRAGIO-** L'8 settembre del 1736 su Moneglia si abbatté una pioggia copiosa, accompagnata da tuoni, fulmini ed un forte vento: la *strabocchevole copia delle acque che precipitosamente scendevan giù dalle colline*[170] allagò tutto il paese. Il temporale sradicò diversi alberi: le persone erano terrorizzate. Per non lasciarsi inghiottire e trascinare via dall'acqua (che inondò anche il monastero) molti si aggrapparono disperatamente ai tronchi e ai muri. Durante il *cloudburst,* come si direbbe oggi, la Solimani afferrò il crocifisso, si affacciò dalla finestra e chiese ad alta voce a Dio che la "bomba d'acqua" così veemente ed "esplosiva", finalmente cessasse. A quel punto il cielo plumbeo si schiarì e ci fu solo *un piovigginar leggero*[171].

La Romita *Maria Anna Vittoria Cervini*

---

[170] *Ibidem*, p. 99.
[171] *Ivi.*

San Giovanni Battista in un'incisione di Giulio Campagnola (1482-1515)

▪ ULTIMO PERIODO A MONEGLIA E RIENTRO A GENOVA-

La presenza delle Romite ebbe delle ricadute positive sui monegliesi; oltre all'educazione delle fanciulle, le *Battistine* si dimostrarono autentiche apostole di carità, non risparmiandosi nell'assistenza degli ammalati, nel riportare la pace tra le famiglie in discordia e nell'impedire, addirittura, un omicidio[172].

Insomma, i *terrazzani* si erano affezionati alla *Venerabile;* temendo una sua repentina partenza, alcuni si arrampicarono su un muro e, sbirciando attraverso un'inferriata, restarono di vedetta per capire quello che stava succedendo[173]. Il 14 ottobre del 1737 morì a Moneglia Maria Anna Vittoria Cervini, originaria di Piacenza. La fanciulla fu sepolta nella chiesa di *Santa Croce...con onorevole mortorio, al quale concorse il popolo tutto, che l'ebbe in opinione di santa*[174]. Di particolare interesse è una *lettera consolatoria* che la *Venerabile* scrisse al padre della fanciulla.

> Non gli ho potuto prima dar nuova della mia cara signora Maria Anna per il gran dolore che ho sentito della sua morte: ma mi vado consolando con dire che è stato il Signore che l'ha fatta venir meco e che ora se l'è voluta richiamare *Romita* in Paradiso. L'ho perduta in terra, ma spero in Dio di averla acquistata *avvocata* in Cielo, come mi ha promesso.
> Penso che il dolore di *Vostra Signoria* come padre sarà stato grande, ma se il dolore naturale fosse come lo spirituale, bisognerebbe morire; perché io ho sentito più dolore della morte della mia figliola spirituale che non di quella dei miei

---

[172] *Ibidem*, p. 74.
[173] *Ibidem*, p. 102.
[174] *Ibidem*, p. 104.

genitori. Benché ne sono restata priva, ringrazio Dio ogni momento che me l'ha mandata e *Vostra Signoria* ancora e la signora madre di lei che l'abbiano consegnata a Dio in   nostra compagnia. Ma ci possiamo consolare con dire che *san Giovanni Battista* ha voluto dare a Dio i frutti primaticci della sua religione, i più perfetti. È tanto il dispiacere che provo di essere priva della mia dilettissima compagna che se *Vostra Signoria* avesse un'altra figliola, la pregherei a darmela in mia compagnia, senza veruno interesse. Spero che Dio un giorno mi farà questa grazia di veder *Vostra Signoria di presenza* per poterla più ringraziare e narrare i favori che ha fatto Dio alla signora Marianna nella sua malattia. È morta così contenta che non glielo posso spiegare: tutti la stimano *santa* e così spero anche io. Il signor arciprete le ha fatto il *mortorio* con tutto decoro; le si è cantato la messa in musica con l'assistenza di tutti i sacerdoti e ci siamo andate tutte noi. Le ha fatto anche celebrar messe in suffragio ed era tanto bella defunta che avrei voluto che Ella vi fosse stata presente.

Consoliamoci, che di certo l'abbiamo con il Signore. La supplico a pregare per me e sono sempre ai suoi comandi e le faccio riverenza.

La Signora Maria Anna mi disse che, come fosse morta, ne dessi notizia a *Vostra Signoria* acciocché facesse pregar per lei: disse, ancora, che morrebbe il giorno di santa Teresa, ma morì la vigilia. Non le scrivo di più, perché più non posso pel dolore.

Moneglia, giorno di san Luca
Obbligatissima ed affezionatissima
Serva Maria Antonia Eremita[175]

---

[175] *Ibidem*, p. 105.

Le *Battistine* rientrarono a Genova il 16 dicembre del 1737: non appena l'imbarcazione fu pronta, il mare cominciò ad agitarsi, quasi a voler trattenere ancora un altro po' le monache, che furono accompagnate da Antonio Cesena, rettore della parrocchia di *san Giorgio* di Moneglia.

La Solimani presentò la sua istanza al doge Nicolò Cattaneo, che le accordò il permesso di fondare un monastero nella città, ma si rifiutò di scrivere delle *commendatizie* al pontefice.

Lasciata Moneglia nel 1737 suor Solimani rientrò a Genova

V. Serva di Dio Giovanna M.ª Battista Solimani
Fondatrice delle Monache Romite, e de Missionari della Confrª di S. Giovanbattista
Morta li 8. Aprile 1758 in età d'anni 70.

Incisione in rame della *Venerabile* tratta dalla *Vita* scritta dal Canepa

Suor Giovanna Battista Solimani: la *Venerabile* scrisse le *Regole* del
nuovo Ordine, le *Romite* di *San Giovanni Battista*. Il *teschio*, oggetto
a lei assai caro, simboleggia l'inesorabilità della morte. La
Venerabile è stata una delle mistiche più importanti del XVII secolo

- **AVVENIMENTI SINGOLARI- 1. Le candele intatte.**
Per una processione serale organizzata dai religiosi di *san Vincenzo de Paoli* la Solimani si fece prestare diciotto candele dalla Confraternita delle donne dell'*Oratorio di san Rocco*, con la promessa che avrebbe pagato la cera consumata. Le candele furono pesate sulla stadera dal priore dell'*Oratorio* (un certo Niccolò Delle Piane); al momento di restituire le candele, queste furono ripesate. Erano cresciute di due once di peso ciascuna, benché fossero rimaste accese per sette ore. A confermare il prodigio fu la giovane Bettina Sciaccaluga che aveva partecipato alla processione al fianco della *Venerabile*.

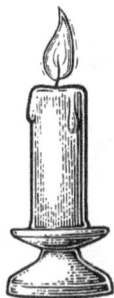

2. Il prodigio del "*ciamelotto*" [176]: una volta la sarta le mostrò un tessuto di lana insufficiente per realizzare la veste di una suora. La *Venerabile* lo guardò con attenzione, lo stese sopra un tavolino e le disse come avrebbe dovuto regolare il taglio. Con sua somma meraviglia la sarta si ritrovò tra le mani un *cammellotto* finalmente bastevole per confezionare l'abito, mentre in precedenza, nonostante avesse preso più volte le misure, risultava *mancante*[177].

---

[176] Si tratta del *ciambellotto* (*camelot*, in francese), ovvero di un tessuto fatto con peli di cammello o di capra.
[177] A. Bacigalupo, cit., p. 75.

3. Monete d'argento e di rame trasformate in oro. I lavori della fabbrica del monastero procedevano lentamente e gli operai venivano pagati a spilluzzico. Si presentò al convento un'ovaiola che diede un'offerta. La nipote suor Chiara Maria Battista Vernazza prese il cartoccio nel quale vi erano quindici sonanti lire d'argento: nelle mani della Madre Solimani queste monete si tramutarono in doppie d'oro.

Una *madonnina* genovese del 1746

Il miracolo si verificò altre volte: gli spiccioli di rame delle questuanti, una volta toccati dalla Serva di Dio, si mutavano in fiorini d'oro[178].

La Solimani rifiutò la generosa elemosina di un ricco genovese che era disposto ad elargire una grossa somma di denaro a condizione che, sulla porta di ingresso della chiesa, venisse scolpito il suo stemma gentilizio. A costui ella rispose che il monastero doveva essere *opera di Dio e non della vanità dell'uomo*[179].

---

[178] *Ibidem*, pp. 231-232. Cfr. L. Canepa, cit., p. 242.
[179] A. Bacigalupo, p. 229; cfr. G. Musso, cit. p. 154.

4. La moltiplicazione dell'*olio* e del *pane*[180]. L'*Ordine* non era stato ancora approvato, ma le Romite già vivevano in comunità. Un giorno la provvista di olio era terminata: il mestolino ormai toccava il fondo dell'orcio. Di ciò venne subito informata la Solimani che invitò la cuoca ad affidarsi alla Provvidenza.

Così, nonostante ogni giorno l'olio venisse usato per le necessità alimentari, la giara non si svuotò fino a quando, dopo circa un mese, il commerciante Ambrogio Dolera, collaboratore delle *Romite*, fece un rifornimento a Moneglia[181].

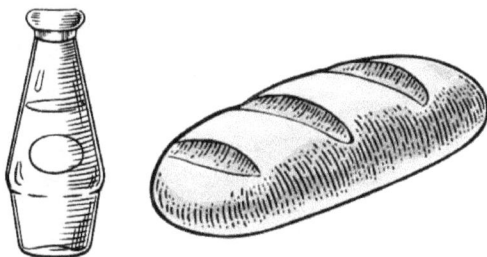

L'olio e il pane: due miracoli di *moltiplicazione* che la Solimani fece nel convento di Genova

Stessa cosa accadde per il pane che una volta non era sufficiente per le ventidue suore sedute a tavola: anche in questo caso, come raccontò suor Antonietta Vernazza, nipote della Solimani, che aveva l'ufficio di cellaria[182], nella dispensa fu trovato, come per *incanto*, un grande quantitativo di *pagnotte*.

[180] Un'analoga *moltiplicazione* avvenne con *la pasta di Cagliari*, quando ancora le *Romite* si trovavano a Moneglia. A raccontare l'episodio fu suor Maria Caterina Bacigalupo (cfr. L. Canepa, cit., p. 82). *Il fulgore del soprannaturale*, ha scritto il Musso, *emanava da tutto il suo essere* (G. Musso, cit., p. 76).
[181] Cfr. L. Canepa, cit., p. 122; A. Bacigalupo, cit., p. 112.
[182] L. Canepa, cit., p. 122. Suor Vernazza fu testimone di molti *miracoli*. Cfr. A. Bacigalupo, cit., p. 243: un giorno, rivolgendosi alla

-*Bisogna sempre affidarsi a Dio ed ubbidire*[183]-, le disse, con il volto sorridente, la Venerabile.

5. Una *torta* avvelenata. Il 1 giugno del 1752 una Romita festeggiò la sua vestizione; fu offerto un rinfresco con delle *torte inzuccherate*[184] donate da uno sconosciuto che si rivelò *nemico invidioso*[185], *un mal uomo istigato dal demonio*[186]. A rompere il silenzio della notte fu *un confuso mormorio di gemiti e lamenti*[187]; il monastero sembrava *un campo di feriti in battaglia*[188]. I dolci erano stati avvelenati con del *sublimato*[189].

Le *Romite* mangiarono una torta avvelenata,
ma riuscirono a sfuggire alla morte

Vernazza, che in quel momento era distratta, la Solimani disse: -*Ponete giù quei pensieri e levate la mente a Dio*-. Cfr. L. Canepa, cit., pp. 46, 75-76: suor Chiara Battista Vernazza, al secolo Antonietta, era figlia di Maria Caterina Solimani. Alla propria sorella la Serva di Dio preannunciò la nascita di una bambina (*Antonietta*, appunto) ed aggiunse che un giorno sua nipote l'avrebbe seguita ed anche assistita in punto di morte. La Vernazza si unì alla zia già a Moneglia, nel 1732, accompagnata dalla madre. La notte precedente alla ripartenza per Genova Antonietta ebbe un malore e rimase con la zia. Nei giorni successivi ebbe il permesso, da parte della sua famiglia, di entrare nelle *Romite*.

[183] *Ibidem*, p. 123.
[184] *Ibidem*, p. 242.
[185] *Ibidem*, p. 244.
[186] A. Bacigalupo, cit., p. 234.
[187] *Ibidem*, p. 233.
[188] *Ibidem*, p. 234.
[189] *Ivi*.

La Solimani non aveva mangiato le crostate e poté quindi soccorrere le altre *Romite* con una bevanda emetica, ovvero capace di provocare il vomito. Nei giorni a seguire le suore recuperarono ad una ad una la salute, *attribuita a speciale intercessione di San Giovanni Battista*[190]. Quando il 21 giugno l'arcivescovo Monsignor Saporiti giunse al convento per una celebrazione eucaristica e per l'elezione della Madre (all'unanimità fu riconfermata la Solimani) *ebbe la consolazione di trovarle tutte sane e ferventi nel servigio di Dio*[191]. Su questo episodio, come riferirono i biografi, la Serva di Dio scrisse un'apposita relazione per volontà del reverendo Francesco Maria Solari: tale resoconto fu inserito nel *corpus* degli *Atti* del *Processo diocesano.*

6. Una *saliva* miracolosa. Una tal Maria Teresa Battista Brignardella aveva una cisposità che le annebbiava la vista. Si rivolse con fiducia alla Serva di Dio. -*E come devo fare a guarirvi?*-, le ribatté la Solimani, scuotendo il capo e congiungendo le mani. Anche se la sua richiesta sembrava impudente, la suora rispose così: avrebbe voluto che la Venerabile, con la sua saliva, le bagnasse le palpebre malate.

Suor Solimani esaudì la richiesta: il giorno dopo il fastidioso rossore scomparve dai *nepitelli* e la vista di Suor Maria Teresa divenne, finalmente, *chiara e netta*[192].

[190] *Ivi.*
[191] *Ibidem*, p. 235.
[192] L. Canepa, cit., p. 248.

Venerabile
GIOVANNA BATTISTA SOLIMANI
Fondatrice
delle Monache Romite di S. Giovanni Battista

- **UNA LETTERA AL RE FEDERICO II DI PRUSSIA**-
In sogno oppure guardando un'immagine la Solimani
vide il ritratto di un re, che il suo confessore indicò
come Federico II detto *il Grande* (1712-1786). Allora la
Venerabile volle scrivergli una lettera, ma non sappiamo
se ricevette risposta. Rivolgendosi a Dio, esclamò: -
Possibile che questo re non si abbia a salvare per essere infedele?-
[193]. Ed aggiunse: - *Se lui è infedele, voi siete fedelissimo; se lui
è potente, Voi, mio Dio, siete onnipotente e con la vostra
onnipotenza potete salvarlo. Ah, fatelo, mio Dio, che di cuore ve
ne prego-.* Nella missiva la Solimani volle dare
all'illuminato sovrano di Prussia *notizia e ragguaglio di un
altro Re potentissimo, che il suo impero è maggiore di tutte le
corone del mondo...Signore ed imperatore del cielo e della
terra...sommo e potentissimo re, il cui regno è eterno*[194].

Il re di Prussia Federico II (1712-1786)

---

[193] A. Bacigalupo, cit., p. 314.
[194] *Ibidem*, p. 315.

71

Federico II di Prussia: la Solimani gli scrisse una lettera

▪ **LA CONGREGAZIONE DEI** *BATTISTINI-* La *Regola* delle Romite fu approvata nel gennaio del 1744.

Il 22 settembre del 1755 nacque la Congregazione dei *Romiti di San Giovanni Battista* diretta da don Domenico Francesco Olivieri, sacerdote dal 1714[195]: già nel 1717 aveva già dato vita alla Congregazione dei *Missionari rurali*.

---

[195] Laureato in *Filosofia* e *Teologia* nel 1713, l'Olivieri ricevette l'ordinazione sacerdotale nella chiesa di *San Lorenzo* a Genova dalle mani del cardinale Lorenzo Fieschi.

Il sogno della Solimani fu quello di *evangelizzare* gli infedeli: la cosiddetta *stultitia crucis*, ovvero la sublime follia della croce ha redento il mondo

La Solimani, che aveva scritto la *Regola*, vedeva così realizzato il suo ideale missionario, con la partenza per la Bulgaria dei primi tre battistini[196]. Così scrisse all'Olivieri: -*Oh la bella ventura che hanno avuta i tre nostri missionari! Ah, se a noi pure toccasse la sorte di andare colà tra gli infedeli ed ammaestrare quelle figliole nella fede di Gesù Cristo! Ma giacché non lo possiamo fare, accompagneremonli almeno coll'affetto e col desiderio e faremo per loro continue preghier*e.[197]-. Nel leggere la lettera dell'Olivieri in cui si annunciava la propaganda missionaria, la Solimani si commosse e si lasciò *andare ad un dirottissimo pianto*[198]. -*Piacesse a Dio*-, ella concluse, -*che ancor io fossi destinata ad andare alle missioni: ma vi andrò col desiderio*[199]-.

• **LA SUA MORTE**- In più circostanze la *Venerabile* fece intendere di conoscere il *giorno* e l'*ora* della sua morte. Una volta la sarta del monastero le consegnò una veste nuova e lei, che *con molta semplicità prendeva ciò che le veniva dato*[200], rispose che l'avrebbe indossata quando sarebbe morta. Aggiunse, inoltre, che molti devoti avrebbero *tagliuzzato* questo abito per impossessarsi di un *brano* della veste: -*Bene sta; egli è ben giusto, che abbiano almeno un poco di roba buona*-[201]. Agli inizi di aprile del 1758 un *fiero* catarro le cominciò a "gorgogliare" nello stomaco. Il suo medico curante Ignazio Curletto, *con le lacrime agli occhi* [202], la esortò *a fare l'offerta a Dio della sua vita*[203]; la fondatrice accennò un timido sorriso: -*Facciasi*

---

[196] Cfr. L. Canepa, cit., p. 215.
[197] *Ibidem*, p. 249.
[198] *Ivi.*
[199] *Ivi.*
[200] *Ibidem*, p. 279.
[201] *Ibidem*, p. 280.
[202] G. Musso, cit., p. 160.
[203] *Ivi.*

pure la volontà di Dio, io ne son ben contenta-[204]. La sua agonia fu lieve e si spense dolcemente, assistita dal reverendo Giambattista Manucci, che le diede la Comunione: -*Egli* (Gesù) *è quel che apre la porta del Paradiso*-[205], le disse la Solimani. La Venerabile fu circondata dall'affetto delle sue consorelle, che si avvicinarono ad una ad una al letto dove giaceva, *per baciarle la mano*[206]. Era il mezzogiorno dell'8 aprile del 1758, quando suor Solimani potè abbracciare, finalmente, *il suo Sposo*. Un mese dopo avrebbe compiuto 70 anni.

Testa-reliquiario di san Giovanni Battista:
tesoro della *Basilica di San Servazio*, Maastricht (Paesi Bassi)

---

[204] L. Canepa, cit., 285.
[205] *Ibidem*, p. 287.
[206] *Ibidem*, p. 161.

LA V.le *SERVA DI DIO*

GIOVANNA M. BATTISTA SOLIMANI

Fondatrice delle Monache Romite

e dei Missionari

della Congregazione di S. Giovanni Battista

La V.le Serva di Dio
Giovanna M.ª Battista Solimani
Fondatrice delle Monache Romite e de'
Missionari della Cong.ne di S. Giovan Battista

SECONDA PARTE

LETTERA INEDITA
DELLA VENERABILE SUOR
GIOVANNA BATTISTA SOLIMANI
FONDATRICE DELLE ROMITE

Sig.r Cug.o Caris.mo Sig.r Sig.re Cosmo

Corrento il debito mio di porger a Vs. questa mia
per notificarle quanto si è risoluto circa l'affare
della projetata figlia, proposnei tutto il Comunicato
mi dà Vs. alle mie Compagne, e doppo avermi rinovato
alla memoria, le replicate instanze fatte in più
lettere, dal R.mo P.re Maccabei di non dover asolutamen=
te ammetere presentemente figlie, in qualità di
Educande, fino a che non sia ben stabilita la Reliji=
one, e professate le presenti Romite, mentre su
questi principij sarrebbero troppo prejiudiciali per
piantar la rigorosa Osservanza, e parendoci questo,)
oltre tant'altre dificoltà esensiali) fra tutte le al=
tre il più insuperabile, si risolse di Comun parere
come bramose tutte di compiacere al merito giust.re
dovuto alla di lei Persona, di avansarsi Vs. con lettera
al sud.o R.mo P.re e richiederne Suplichevole la permi=
sione, sentendo in noi forte timore di contristarlo e di
levarsi dalla sua ubidienza, tantopiù che le sud.te
lettere scritte, furono con intelijenza del sommo
Pontefice, onde vede bene quanto sia forte e giusta
una tale dificoltà, sò che la prudenza di Vs. non
le parerà strano, questo nostro sentimento, indrizato
prima alla maggior Gloria di Dio, ed'anche al buon
ordine della Relijione, se non fossero questi riguardi

Lettera autografa di suor Solimani, 30 aprile 1745 (collezione dell'autore)

Ci trouerebbe pronte a Comandi de Loro Sig.ri anziche mi marauiglio, che ne men degni d'un sol pensiero la pouertà del nostro romitagio, solamente degno per la Santità del Fondatore, pure facciamo che si adempisca la Diuina Volontà, mi fauorisca porgere i più distinti rispetti alla Sig.ra Teresina, e figlie, e inchinandola profondam.te mi do l'onore di protestarmi

Di VS.

1745. 30. ap.le

Circa il consaputo lauoro presentem.te per la streteza non trouiamo luogo per ponerlo, ma o Cambiando o Dilatando Casa allora potremo ualersi della Carità di VS.

Um.ma Diu.ma Obb.ma Serua
M.a Antonia Romita

Lettera autografa di suor Solimani, 30 aprile 1745

Caratteri della Venerabile Giovanna Battista Solimani

Lettera di suor Giovanna Battista Solimani a *Giuseppino Torre*

Corrento (sic) il debito mio di porger a Vs questa mia per notificarle quanto si è risoluto circa l'affare della progettata figlia proporrei tutto il *Comunicato* mi dà Vs alle mie compagne e *doppo* avermi *rinnovato* alla memoria le replicate istanze fatte in più lettere dal *Rev.mo Padre Maccabei* di non dover *assolutamente ammettere* presentemente figlie in qualità di *educande* fino a che non sia ben stabilita la *Religione* e professate le presenti *Romite,* mentre su questi principi sarebbero troppo *pregiudiciali* per piantar la rigorosa *Osservanza* e parendoci questo (dove tant'altre difficoltà essenziali), fra tutte le altre il più insuperabile, si risolse di comun parere, come bramose tutte di compiacere al merito *giust.re* dovuto alla di lei persona, di avanzarsi Vs con lettera al suo Rev.mo Padre e richiederne supplichevole la permissione, sentendo in noi forte timore di contristarlo e di levarsi dalla sua ubbidienza, tanto più che le sue lettere scritte furono *con intelligenza* del Sommo Pontefice, onde vede bene quanto sia forte e giusta una tale difficoltà. So che prudenza di Vs, non le parrà strano questo nostro sentimento, indirizzato prima alla maggior gloria di Dio ed anche al buon ordine della Religione. Se non fossero questi riguardi ci troverebbe pronte a' comandi di loro signori anziché mi meraviglio che nemmen degni d'un sol pensiero la povertà del nostro romitaggio, solamente degno per la santità del Fondatore, pure facciamo che si *adempisca* la divina voluntà. Mi favorisca porgere i più distinti rispetti alla signora Teresina e figlie e inchinandola profondamente, mi do l'onore di protestarmi di Vs.

Genova, 30 aprile 1745
Circa il consaputo lavoro, per la *strettezza* non troviamo luogo per ponerlo, ma o *cambiando* o *dilatando* Casa, allora potremo valerci della carità di Vs.

Umilissima, sincerissima ed obbligatissima
Serva Maria Antonia Romita

NOTE ED OSSERVAZIONI

- **IL PADRE MARIO MACCABEI (1672-1748)[207]** –
In questa lettera autografa scritta a Genova ed
indirizzata ad un benefattore della città, Giuseppino
Torre, la mistica Giovanna Battista Solimani fece un
accenno al suo direttore spirituale, il barnabita Mario
Maccabei, che su incarico del papa Benedetto XIV
aveva avuto il compito di valutare la *supplica* da lei
presentata riguardante l'accettazione del nuovo ordine
religioso, quello delle *Monache Romite di San Giovanni
Battista*.

Il padre Maccabei, consultore della *Suprema
Inquisizione*, intrinseco del papa Benedetto XIV, era un
sacerdote severo, *di massima intelligenza e virtù*[208].

Al destinatario della missiva la fondatrice
ricordò le reiterate istanze che il Maccabei le aveva
fatto in diverse lettere, ovvero *di non dover assolutamente
ammettere presentemente figlie, in qualità di educande*[209].

Nonostante la sua rigidità, tanto che aveva
rigettato la richiesta di una principessa romana, che

---

[207] V. Criscuolo, *Mario Maccabei (1672-1748) barnabita e
consultore della Congregazione dei Sacri Riti*, in «Incorrupta monumenta
Ecclesiam defendunt» (a cura di A. Gottsmann, P. Piatti, A. Rehberg),
Città del Vaticano, Archivio Segreto Vaticano, 2018, tomo I, pp. 295-320.

[208] G. B. Semeria, *Secoli cristiani della Liguria. Storia della
metropolitana di Genova, delle Diocesi di Sarzana, di Brugnato, Savona,
Noli, Albenga e Ventimiglia*, Tipografia Chirio e Mina, volume primo,
1843, p. Torino, p. 341.

[209] G. Battista Solimani, *Lettera inedita a Giuseppino Torre*,
Genova, 30 aprile 1745.

BARNABITA.

Il barnabita Mario Maccabei fu uno stretto collaboratore del papa
Benedetto XIV. Immagine tratta dalla *Descrizione storica degli Ordini religiosi*, 1847

cercava di introdurre la riforma di un ordine religioso[210], con suor Solimani il teologo fu benevolo, in quanto la esaminò *con difficili e lunghissime prove*[211], fino a quando, appunto, si rese conto *non esservi in essa ombra d'ipocrisia né fulgore d'illusione*[212].

Il religioso fu *soddisfatto di trovarla povera, mortificata e docilissima, sempre eguale in tutti gli eventi*[213]. La suora di Genova non cercava *umani appoggi*[214], anzi *ricusava le esibizioni delle primarie dame che le promettevano di raccomandarla nella curia romana*[215].

Per questi motivi il Maccabei diede di lei, presso il Santo Padre, *un favorevole ragguaglio*[216].

Nella sua lettera la Solimani scrisse che doveva attenersi alle direttive del suo padre sprituale, *fino a che non sia ben stabilita la Religione*[217].

Il Maccabei, prima di redigere la relazione al papa, del quale era confessore, aveva chiesto (anche *segretamente*[218]) a Genova informazioni sul conto della Solimani, *onde sapere tutto il tenore di sua condotta, il principio ed il progresso di sua divisata fondazione*[219].

Il resoconto favorevole presentato al Pontefice nel 1743 fu preciso e lodevole: della *Venerabile* il celebre esaminatore seppe cogliere i tratti essenziali.

Al momento in cui firmava il "memoriale" la Solimani aveva 55 anni, come si poteva leggere dal

---

[210] G. B. Semeria, cit., p. 341.
[211] *Ivi.*
[212] *Ivi.*
[213] *Ivi.*
[214] *Ivi.*
[215] *Ivi.*
[216] *Ivi.*
[217] G. Battista Solimani, *Lettera inedita,* cit.
[218] G. B. Semeria, cit. p. 341,
[219] *Ivi.*

certificato di Battesimo che la stessa Serva di Dio aveva consegnato[220].

Il fiduciario del papa lesse ed esaminò *a uno a uno minuziosamente* tutti gli scritti (e quindi anche le lettere) dell'aspirante fondatrice, per "soppesare" *ogni frase e ogni parola della Serva di Dio*[221].

La Solimani, fece sapere il Maccabei, aveva *congregate alcune zitelle* (24 unità) *vogliose di servire Dio con perfezione*, che vivevano *ritirate, assistite e dirette da un savio sacerdote assegnato loro dal Vicario Generale*[222].

Il relatore, *conoscitore di anime*[223], aggiunse che a volte queste educande erano tentate dal Demonio, il quale usava *varie stravaganze...ed orribili strapazzi, coi quali le tormenta per ritirarle dalla carriera intrapresa*[224]. Le giovani, tuttavia, restavano *costanti con resistere a tutte le violenze dello spirito maligno*[225].

Per la fondazione, assicurò il Maccabei, a suor Solimani era stata fatta una donazione dal cavalier genovese Carlo Giustiniani: si trattava di *una casa assai capace, con una villa fruttifera*[226].

---

[220] L. Canepa, cit., p. 295.

[221] G. Musso, cit., p. 103.

[222] L. Canepa, cit., p. 295.

[223] G. Musso, cit., p. 102. Il barnabita Mario Maccabei iniziò ad incontrare la Solimani nella chiesa di *San Carlo ai Catinari* e *fu subito conquistato dall'elevatezza spirituale della nuova sua penitente.* Per metterla alla prova le inflisse alcune umiliazioni.

[224] L. Canepa, cit., p. 295.

[225] *Ivi.* Cfr. A. Bacigalupo, cit., p. 135: *l'infesto serpente rinforzava in Genova la battaglia alle suore, facendo sbucare tra loro dall'Inferno la megera della discordia, la quale, però..., tornò sconfitta alle sue grotte;* p. 137: da Roma la Solimani inviò alle *Romite* diverse *lettere consolatorie,* affinché *non andasse disperso quel sacro drappello delle sue vergini;* p. 139: il Bagicalupo definì le Romite *invitte guerriere di Cristo.*

[226] *Ivi.*

Nel modo di agire della monaca di Genova non si è scoperta *né malizia né finzione*[227] sia da parte di chi la conosceva da anni sia da parte dello stesso Maccabei, che, come detto, aveva indagato *per diverse strade*[228] i suoi sentimenti.

Il religioso aggiunse che la monaca univa alle preghiere *un digiuno mistico* (si nutriva solo una volta al giorno, *con estrema violenza dello stomaco*[229]) continue penitenze ed in particolare usava farsi *un'aspra disciplina di ferro ben armata di punte*[230].

Il suo unico obiettivo, concluse il Maccabei, era *la maggior gloria di Dio*: suor Solimani si era sempre dimostrata un'*anima eletta*, non ambiziosa né vanagloriosa, ma ammirabile nell'ubbidienza, umile, rassegnata alla divina volontà, *sempre intenta all'orazione e mortificazione e con una somma avversione al peccato*[231].

La *Regola*, infine, da lei scritta si basava su cinque voti: *ubbidienza, povertà, castità, clausura e digiuno quotidiano*.

---

[227] *Ivi.*
[228] *Ivi.*
[229]

[230] L. Canepa, cit., p. 147. La nipote suor Vernazza udì spesso lo strepito delle percosse che la zia si dava con la discplina e i panni ele mura imbrattati di sangue.
[231] *Ibidem*, p. 292.

■ **IL VIAGGIO A ROMA-** Per realizzare il suo sogno, nel 1742, con fiducia e con determinazione[232], suor Solimani si mise in viaggio per Roma, dove resterà due anni. Fu *un periodo fecondo di prove e di duri sacrifici*[233]. Prima di lasciare Genova ebbe un incontro con il doge Domenico Canevaro (1683-1745). In questa udienza privata il serenissimo la accolse con

Il doge Domenico Canevaro

grande cortesia[234].

A partire con lei furono la nipote Antonietta (*Chiara Maria Battista*) Vernazza (1718-1783)[235], un sacerdote (don Antonio Cesena), *suo protettore e benefattore*[236] e il

---

[232] *Ibidem*, p. 126: un giorno, poco prima della partenza per la capitale, una sorella la vide lieta in volto parlare tra sé e sé, pronunciando queste parole: *Andrai, otterrai, ritornerai e lo farai.*

[233] G. Musso, cit., p. 97.

[234] L. Canepa, cit., p. 130.

[235] G. Moroni, *Dizionario di erudizione storico-ecclesiastica, da San Pietro fino ai nostri giorni*, Dalla Tipografia Emiliana, Venezia, 1840, vol. IV, p. 229. Sua nipote prenderà il nome di *Chiara Maria Battista* e il 18 settembre del 1775 fonderà a Roma un monastero delle *Romite*. Cfr. L. Canepa, cit., p. 199: un giorno suor Vernazza, pur vedendola in estasi, le porse una tazza di legno e le chiese che cosa ne dovesse fare; la Solimani le rispose che la portasse in refettorio. Cfr. «Gazzetta universale», n. 78, sabato 30 settembre 1775, p. 623: il papa Clemente XIV concesse alle monache Romite *di dilatare le Regole del loro istituto e potersi trasferire in Roma ad aprirvi un monastero*. In questo articolo fu annunciata la partenza per la capitale di suor Chiara Maria Battista Vernazza, che si imbarcò su una nave *di bandiera inglese*. Con lei vi erano cinque monache professe, otto novizie ed una laica.

[236] G. Musso, cit., p. 97.

capitano Benedetto Della Casa, *fervente cristiano e provetto marinaio*[237]. Il tragitto durò nove giorni (dal 15 al 24 giugno) e fu accompagnato da alcuni "strani" incidenti: una terribile asma (*un affanno di petto*)[238] minacciò di soffocare la Solimani. In un'altra occasione i cavalli del calesse si adombrarono: la spaccatura delle ruote[239] fece ribaltare la carrozza che finì in un dirupo, ma la *Venerabile* e gli altri passeggeri restarono incolumi.

Sant'Atanasio di Alessandria. La Venerabile faceva sovente declamare il *Simbolo* («*Quicumque vult salvus esse...*») di questo santo vescovo alessandrino, dottore della Chiesa, vissuto nel IV secolo.

(Cfr. L. Canepa, cit. p. 84; A. Bacigalupo, cit., p. 78)

---

[237] *Ibidem*, p. 98.
[238] L. Canepa, cit., p. 132.
[239] *Ivi*; G. Musso, p. 99.

Chiara Maria Batta Vernazza Genovese
Fondatrice ed Abadessa delle Romite di S.
Gio. Batta in Roma ove morì a di 12 Genaro 1783
d'anni 63 mesi 5

Bombelli scolpì

Suor *Chiara Maria Battista Vernazza*, nipote della Serva di Dio Solimani (*coll. dell'autore*

Le principali soste furono le seguenti: Sestri Levante, Viareggio e, via terra, Pisa (dove *fu ella assai ben ricevuta*)[240], Siena (per la fretta[241] la *Venerabile* non ebbe il tempo di visitare due nipoti che vivevano in un monastero della città)[242]e Viterbo[243], dove la Solimani pregò sulla tomba di santa Rosa *e ben tosto venne rapita in estasi*[244]. Si cibava soltano la sera e lungo il cammino recitava il Rosario[245]. Al suo arrivo a Roma alloggiò in una camera *angusta con un letticciuolo* insieme alla nipote Antonietta Vernazza, la futura suor Chiara Maria Battista[246]. Visitò molte chiese, *spinta non da curiosità, ma da fede e devozione*[247]: la *Scala santa* vicino a San Giovanni in Laterano, la colonna della flagellazione a Santa Prassede, le catacombe di *Santa Priscilla*, dove le vennero donate

Catacombe: monogramma di Cristo

---

[240] L. Canepa, cit., p. 132.

[241] «*Le opere di Dio non devono soffrire indugi*», era solita ripetere. Cfr. G. Musso, cit., p. 99.

[242] *Ivi.*

[243] In una locanda di Viterbo la Solimani vietò a sua nipote Antonietta Vernazza di fissare lo sguardo su alcune donne che *agli atti parevan troppo libere* (L. Canepa, cit., p. 133). Fin da quando era fanciulla Maria Antonia rifuggì la vanità delle vesti; una volta, piangendo, si sottrasse ai domestici che volevano *agghindarla* (Cfr. L. Canepa, cit., p. 20).

[244] *Ivi.*

[245] Cfr. L. Canepa, cit., p. 133.

[246] L. Canepa, cit., p. 133.

[247] *Ibidem*, p. 139.

alcune reliquie di martiri.

A chi cercava di dissuaderla dall'idea di fondare un nuovo Ordine religioso, ritenendola *una donna sciocca e temeraria*[248], una *pinzochera*, una *beghina*, giunta nell'Urbe *per togliere il credito ai genovesi*[249], la Solimani rispondeva: «*Se le beghine sono persone dabbene, io non sono tale; se sono cattive, io sono la peggiore di tutte*»[250].

Roma, *Piazza San Pietro*, con il celebre colonnato del Bernini

Volle incontrarla per parlare con lei Agnese Colonna (1702-1780), dal 1723 moglie di Camillo Borghese (1693-1763); la principessa la accolse con cortesia e deferenza.
Al termine del colloquio la nipote della Solimani suor Vernazza vide l'illustre nobildonna che stava in ginocchio e in lacrime ai piedi della Serva di Dio[251].

[248] A. Bacigalupo, cit., p. 126.
[249] L. Canepa, cit., p. 135.
[250] *Ivi.*
[251] *Ibidem*, p. 139.

■ **LA POVERTÀ-** La *povertà* fu sempre il fiore all'occhiello del suo modo di vivere il *Vangelo*. A Roma, per sbarcare il lunario, accettò di filare una certa quantità di lino per farne réfe[252]; ma questo lavoro di sartoria *atto a confezionare guanti e calze*[253] non le venne remunerato e non ebbe, infatti, *altra mercede che uno sterile ringraziamento*[254]. Le *Romite* erano esperte nel confezionamento dei guanti, *un lavoro noioso e di sottil guadagno*[255]: già a Genova, dopo l'esperienza di Moneglia, le monache ebbero una cospicua commissione da un industriale di drappi, grazie all'interessamento di Ambrogio Dolera[256].

Per combattere la rigidità dell'inverno, insieme alla nipote Antonietta, per le strade dell'Urbe si mise addirittura *a raccogliere nascostamente fuscelli e cannucce*[257], per tener acceso il fuoco nel camino. La *Venerabile* non si lamentava mai; baciava *con umile sentimento*[258] il pane che le veniva offerto ogni settimana.

Volle essere sempre *povera* ed insegnò alle sue consorelle l'amore per l'indigenza. Al monastero di Genova ne darà ampia prova, riutilizzando, ad esempio, lo spazio bianco della carta delle lettere oppure raccogliendo i frutti guasti, risparmiando l'olio della lucerna, utilizzando l'acqua piovana raccolta in una conca per lavarsi le mani e per innaffiare l'orto.

---

[252] Cfr. *Ibidem*, p. 138.
[253] G. Musso, cit., p. 107.
[254] L. Canepa, cit., p. 138.
[255] *Ibidem*, p. 110.
[256] *Ivi*.
[257] G. Musso, cit., p. 107. Cfr. L. Canepa, cit., p. 138.
[258] L. Canepa, cit., p. 139.

A Roma suor Solimani visse in estrema
povertà e in continue penitenze

Non gettava via nulla, neppure le ciocche di
lana che ritesseva; fece togliere, perfino, le cornici
dorate ad alcuni quadri che erano stati ricevuti in
dono[259].

Si sottoponeva a continue mortificazioni e
rinunce; quando non ce la faceva più ed era costretta a
riposare, rivolgendosi al corpo, diceva: -*Il somiere sarà
contento*[260]-.

---

[259] A. Bacigalupo, cit., pp. 217-218.
[260] *Ibidem*, p. 219.

Roma, *Ponte Sant'Angelo* e *Castel Sant'Angelo*.
In lontananza, la *Basilica di San Pietro*

■ **PAPA BENEDETTO XIV (1675-1758)-** A far giungere nelle mani del Pontefice il *memoriale* della Solimani fu l'agostiniano Angelo Maria d'Orgio[261] che *ebbe a confessarla più volte*[262]; in una lettera alle Romite del 18 agosto 1743 il padre d'Orgio rassicurò le suore circa l'approvazione papale:

> L'affare delle *Regole* piglia buona piega; perciò l'Inferno freme, urla, minaccia e tormenta crudelmente voi, novellette spose di Gesù. Ma alla fine egli resterà vinto; voi con maggior merito e gloria e l'opera di Dio trionferà con copiosa raccolta d'anime. Per la signora

---

[261] Padre Angelo Maria D'Orgio, segretario del *Procuratore generale* degli Agostiniani Gianandrea Onofri, pubblicò una monografia sulla *Madonna del Buon Consiglio*: *Istoriche notizie della prodigiosa apparizione dell'immagine di Maria Santissima del Buon Consiglio, nella chiesa dei Padri Agostiniani di Genazzano*, Roma 1748. Il D'Orgio diede alla Solimani alcune necessarie masserizie; le pagò il fitto e le mandò, di tanto in tanto, *qualche porzione di minestra...e fetta di cacio* (L. Canepa, cit., p. 143).

[262] L. Canepa, cit., p. 135.

95

Maria Antonia (*la Solimani*), che tutte vi abbraccia e saluta, io ho mille volte più di sollecitudine che per me stesso[263].

Ottenuto dal Maccabei il documento pontificio che dava finalmente il *placet* alle *Regole* e alla fondazione dell'Ordine, suor Solimani andò ancora una volta a baciare il piede al papa, *in omaggio di venerazione e di gratitudine*[264].

BENEDETTO XIV.

---

[263] *Ibidem*, p. 149.
[264] G. B. Semeria, cit., p. 342.

Con sua Santità, infatti, ebbe diversi abboccamenti: il primo avvenne nella chiesa di *Sant'Andrea al Quirinale* (chiamata anche *Sant'Andrea a Monte Cavallo*) e l'ultimo incontro ebbe luogo nel monastero di *Tor degli Specchi*, nel cuore di Roma, dove il papa celebrò la messa per le oblate di Santa Francesca Romana.

Papa Benedetto XIV, scudo del 1753

Il papa Lambertini la accolse *con somma benignità, mostrandole di gradire assaissimo quell'atto di rispettosa riconoscenza*[265] e il suo modo di favellare, *tanto più sincero e candido, quanto meno ricercato*[266]. Il colloquio durò un'ora[267]. Il Papa confidò al padre Maccabei che la Solimani le aveva *letto nel cuore* (dono della *scrutazione*) e che un giorno sarebbe diventata una grande santa.

---

[265] *Ivi.*
[266] *Ivi.*
[267] *Ivi.*

▪ **RIENTRO A GENOVA**- Il 20 maggio del 1744 Maria Antonia rientrò a Genova: nel viaggio di ritorno fece tappa a Viterbo, a Siena (presso il convento di *Santa Caterina al Paradiso*), a Pisa, a Lerici (dove risiedeva sua sorella Caterina, madre della Vernazza), a Sarzana[268] e a La Spezia. Arrivata a Genova consegnò la licenza papale all'arcivescovo De Franchi.

Anche il doge Lorenzo De Mari (1685-1772), inizialmente contrario a favorire la nascita di nuove fondazioni, *per non aggravare la città di ulteriori ordini mendicanti*[269], cambiò idea. Nel conversare con la Solimani si sentì mutare il cuore: la *Venerabile* gli fece davvero un'ottima impressione.

Stemma nobiliare del doge di Genova e re di Corsica
Lorenzo De Mari (1685-1772)

---

[268] A. Bacigalupo, cit., p. 153: qui dovette restare per circa una settimana, a causa delle misure contro la peste. Fu alloggiata in un ricco palazzo da un nobile benefattore: non si coricò nel letto che le era stato preparato se prima non vi fossero stati tolti *i deliziosi arredi*.

[269] G.B. Semeria, cit. p. 143.

- **GIUSEPPINO TORRE-** La lettera è indirizzata a Giuseppino Torre, uno dei tanti benefattori, il cui nominativo (ma si tratta certamente di un omonimo) compare nella *Storia degli Ordini regolari con la vita de' loro fondatori*[270] di Flaminio Annibali: si parla, infatti, di un Francesco Giuseppe Torre da Chiavari, sacerdote e missionario dei *Battistini* in Cina, dove morì il 29 aprile del 1785. Una cosa è certa: il 1745, anno di datazione della lettera, fu cruciale per le *Romite*. Il marchese Giustiniani si pentì di aver regalato alle suore la sua villa, che per lui era uno scrigno pieno di *tanti ricordi di famiglia*[271] e volle rientrarne in possesso; per farsi "perdonare" propose alle *Romite* di regalare loro altri due suoi palazzi, ma suor Solimani rifiutò. Il patrizio genovese, *desideroso di mantenersi in buoni rapporti con l'Istituto, offrì il generoso compenso di 9 mila lire genovesi*[272].

Il 12 maggio del 1745, con un atto notarile a firma di Giuseppe Repetto, fu ceduta la villa al Giustiniani, che peraltro era stata oggetto di interventi strutturali. Le suore si stabilirono in un ex monastero di terziarie domenicane (*Figliuole di santa Rosa*), in *Salita Cappuccini* (poi *Salita Battistine*) e lo stabile (di proprietà di un certo Bartolomeo Mazzola)[273] fu acquistato il 1 settembre del 1745. Pur essendo vicina al centro abitato, all'epoca la *villa*, che divenne il "nido" dell'Ordine, *era nascosta in una tranquilla solitudine, ammantata di verde*[274].

---

[270] F. Annibali, *Storia degli Ordini regolari con la vita de' loro fondatori,* Napoli 1796.

[271] G. Musso, cit., p. 124.

[272] *Ibidem*, p. 125.

[273] L. Canepa, cit., p. 168.

[274] G. Musso, cit., p. 126.

Il 10 marzo del 1746 la comunità delle *aspiranti* poté alloggiare nel convento: il 20 aprile ci fu la vestizione di tutte le *Romite*. Fu in questa occasione che Maria Antonia (prima superiora e badessa dal 27 luglio di questo anno fino alla sua morte)[275] divenne ufficialmente *Giovanna Battista*[276], così come ognuna delle suore prese il nome da religiosa[277]. La Solimani riuscì a coniugare la capacità di comando alla prudenza, al senso di giustizia e all'amorevolezza.

Affidò i diversi incarichi *senza destare invidia o dispiacere*[278]. Come deve fare un'ottima guida, ebbe *un sottile discernimento nel sapere adottare i diversi impieghi alla naturale disposizione e talento di ognuna*[279].

Una *xilografia* del papa Clemente XIV: durante il suo pontificato fu fondato a Roma il monastero delle Battistine da suor *Chiara Maria Battista Vernazza*, nipote della Solimani

---

[275] *Ibidem*, p. 140.
[276] Cfr. L. Canepa, cit., p. 31: fin dalla sua fanciullezza san Giovanni Battista fu *suo specialissimo protettore ed avvocato*.
[277] G. Musso, cit., p. 126.
[278] A. Bacigalupo, cit., p. 235.
[279] *Ivi*.

TERZA PARTE

1. LA SUA TOTALE UBBIDIENZA

*U*n giorno la Solimani assicurò al suo padre spirituale che egli si sarebbe prima stancato *di comandare che ella di ubbidire*[280]. Per "temprarla" il cappuccino Atanasio da Voltri la sottopose a diverse prove: una volta la rimandò indietro sotto un forte acquazzone, ma Maria Antonia ritornò a casa non *zaccherosa, ma asciutta e netta*[281]. Un'altra volta le impose di mangiare una sordida minestra lasciata sulla mensa nella quale un cane aveva sprofondato il suo muso, *lasciando nel piatto lo stomachevole indizio della sua bava*[282]. Il Canepa osservò che *il più sozzo ed affamato villano*[283] neppure avrebbe osato avvicinare le labbra, ma Maria Antonia, vincendo la ripugnanza, eseguì l'ordine. Un giorno le comandò di indossare un abito da contadina e di giocare sul sagrato con i noccioli di pesca raccolti per strada. Maria Antonia fece quanto il religioso le aveva ordinato, ma fu comunque rimproverata e definita *dissennata e pazza*[284].

In un'altra occasione il religioso la invitò a prendere un rocchetto e a recarsi, *pedibus calcantibus*, a Albàro a Quarto, filando lungo il percorso: la *Venerabile* seguì il comando senza scomporsi oppure lasciarsi intimidire dall'ilarità della gente. Allo stesso modo prese una candela e, a piedi nudi, elemosinò davanti ad una chiesa[285]. Già quando era una fanciulla promise a se stessa di ubbidire ad una serva, *voto che*

---

[280] A. Bacigalupo, cit., p.
[281] L. Canepa, cit., p. 63.
[282] *Ibidem*, p. 40.
[283] *Ivi.*
[284] *Ivi.*
[285] *Ivi.*

osservò fedelmente[286]. A Roma *volle essere interamente soggetta*[287] al padre Maccabei, che le era stato affidato dal papa. Quando ricevette la notizia del *Breve di approvazione* (25 gennaio 1744) con relativa accettazione delle *Romite*, ascoltò la messa e si fece la Comunione a *Santa Maria Maggiore; con viso splendente d'insolita gioia recitò il Te Deum, esclamando, infine: «Ora sono contenta, si faccia pure la volontà di Dio»*[288]. Fino all'ultimo, infatti, restò *timorosa* ed intensificò le preghiere affinché le venisse dato *un responso positivo*[289]. In una lettera del 12 gennaio 1744 indirizzata al Servo di Dio Domenico Francesco Olivieri (1691-1766)[290], sua importante guida fin dal 1730[291] ed *uno dei più dotti e zelanti preti della Diocesi*[292], si crucciava di non aver *mai ubbidito*[293].

---

[286] F. Annibali, *Storia degli Ordini regolari con la vita de' loro fondatori*, Napoli 1796, p. 258; Cfr. L. Canepa, cit., p. 15.

[287] *Ibidem*, p. 100. Cfr. L. Canepa, cit., p.136: in una prima lettera al padre Maccabei la Solimani usò queste parole: *Prego V. P. Rev.ma in nome della SS. Trinità ad accettarmi per figliola spirituale e per sua penitente. Io da parte di Dio le prometto ubbidienza cieca senza replica, a maggior gloria di Dio solo. Spero sia voler di Dio, perché non poteva acquietarmi, se non la supplicava di ciò: prego V.P. a non negarmi questa carità.*

[288] *Ibidem*, p. 101. Cfr. L. Canepa, cit., pp. 154-156.

[289] Cfr. L. Canepa, cit., p. 154.

[290] F. Luxardo, *Vita dell'illustre Servo di Dio Domenico Francesco Olivieri, fondatore dei missionari suburbani in Genova e della congregazione dei Battistini in Roma*, Tipografia della gioventù, Genova 1871; *Lettere inedite del Servo di Dio Domenico Francesco Olivieri*, in «Liguria», Anno II, vol. 6, pp. 144-177, Genova 1862; R. Spiazzi, *"Vir plene apostolicus". Il Servo di Dio Domenico Olivieri, parroco e missionario*, in «Palestra del Clero», n. 46, 1967, pp. 832-845. Il giorno del Battesimo Domenico Francesco scivolò dalle mani della balia e rimase a testa in giù nella portantina, rischiando di morire. Le *acque lustrali* lo rianimarono.

[291] Cfr. G. Musso, cit., p. 67: l'incontro con l'Olivieri segnò *una svolta decisiva* nella vita della Solimani.

[292] *Ibidem*, p. 71.

[293] L. Canepa, cit., p. 155.

VITA

DELL'ILLUSTRE SERVO DI DIO

DOMENICO FRANCESCO OLIVIERI

FONDATORE

DELLA CONGREGAZIONE DEI MISSIONARI SUBURBANI

IN GENOVA

E DELLA CONGREGAZIONE DEI BATTISTINI

IN ROMA

SCRITTA

DAL

SAC. FEDELE LUXARDO

E DEDICATA

ALLA SANTITÀ DI N. S. PAPA PIO IX

GENOVA

TIPOGRAFIA DELLA GIOVENTU'

Presso gli Artigianelli

1871.

Il Servo di Dio Domenico Francesco Olivieri fondò a Genova la *Congregazione dei* missionari suburbani e, a Roma, la *Congregazione dei Battistini*. Cfr. F. Luxardo, *Vita dell'illustre servo di Dio Domenico Francesco Olivieri*, Genova 1871, p. 57: un giorno, mentre la Solimani passeggiava per Roma insieme a don Olivieri, *accadde un fatto memorabile*. Scese a visitare le catacombe e gli avelli dei martiri cristiani; ad un certo punto ebbe un'illuminazione e disse: - *Oh, se potessi dar la vita anche io per la fede di Gesù Cristo, quanto lo farei volentieri*. Poi aggiunse: -*Se non andrò io a predicare agli Infedeli, allora ci andranno i figli di san Giovanni Battista-*. Così profetizzò che un giorno l'Olivieri avrebbe fondato il *ramo maschile* dell'Ordine

L'arcivescovo Giuseppe Maria Saporiti e il Maccabei, *prima di farle sentire questa gioconda notizia*[294], le fecero intendere, con parole ambigue, che poteva benissimo tornarsene a Genova e licenziare le sue compagne, quasi a voler dire che il papa non le aveva concesso il permesso e che, quindi, doveva mettersi l'animo in pace. Senza batter ciglio la Solimani rispose che era giunta a Roma *soltanto per eseguire il divino volere*[295]. «*Siete contenta?*»[296], le chiese il Maccabei. E lei, *imperturbata*[297]: «*Contentissima, non avendo giammai voluto quel che Dio non vuole*»[298]. Qualche anno più tardi, precisamente nel 1754, il confessore Francesco Maria Solari, priore di *Santa Sabina*, volle osservare le mani stimmatizzate della Solimani e, *in virtù di santa obbedienza*[299], le ordinò di mostrargliele. Prese una chiave, la inserì nel palmo della mano sinistra della Venerabile e la vide entrare *di un buon mezzo pollice*[300]. Nessun segno si mostrava all'esterno, essendo il foro coperto dalla pelle[301]. Il religioso provò ad introdurre il suo indice avvolto in un pannolino e gli sembrò di *toccare fin la pelle dell'opposta parte*[302]. La Solimani fu, dunque, sempre obbediente: persino sul letto di morte, rivolgendosi all'arcivescovo, a don Olivieri e alle sue consorelle chiese il permesso di morire [303].

---

[294] G. B. Semeria, cit., p. 342.
[295] L. Canepa, cit., p. 155.
[296] *Ivi.*
[297] G.B. Semeria, cit., p. 342.
[298] L. Canepa, cit., p. 155.
[299] *Ibidem*, p. 35.
[300] *Ivi.*
[301] *Ivi.*
[302] *Ivi.*
[303] *Ibidem*, p. 286.

2. ESTASI, LEVITAZIONE, STIMMATE, LIQUEFAZIONE

1. ESTASI E LEVITAZIONE- Le *Romite* erano abituate alle sue continue *estasi*[304], che avvenivano in particolare nelle festività, e a vederla *trasumanata*, soprattutto il giorno di *Pentecoste*. Ogni venerdì, verso le nove di sera, andava in *deliquio*[305].

Una volta nella stanza delle preghiere, ad un tratto andò girando per il Capitolo, *non già strascinandosi con le ginocchia, ma lieve lieve e speditamente scorrendo, come se non toccasse terra, ma sospesa in aria volasse rasente il suolo*[306].

Ad un certo punto esclamò, *tutta piena di meraviglia e di gioia*[307]: *-Altezza di Dio! Bellezza di Dio! Bontà di Dio!-*[308].

Ad ogni suora la Solimani era solita distribuire, all'inizio dell'*Avvento*, un bigliettino tirato a sorte che conteneva *una virtù da praticare o una mortificazione da farsi, un atto d'ossequio da prestare a Dio o un'orazione da recitare*. Bellissime e tenere le sue riflessioni sul *Mistero dell'Incarnazione*: si augurava che il *Bambinello* potesse rinascere nei cuori di ciascuno. La notte di Natale prendeva la statua di cera di Gesù e la metteva nella capanna[309]. Con tanta tenerezza e parole dolcissime *sopra ciò favellava, che infiammato avrebbe ogni cuore, anche il più agghiacciato*[310]. La Solimani fu spesso vista in levitazione: non fu facile per lei nascondere questi doni straordinari. Durante la giovinezza i suoi fratelli erano gelosi di lei, perché pensavano che volesse attirare l'attenzione dei genitori e degli abitanti di

---

[304] L. Canepa, cit., p. 224.
[305] A. Bacigalupo, cit., p. 79.
[306] L. Canepa, cit., p. 224. Cfr. G. Musso, cit., p. 144.
[307] *Ivi.*
[308] *Ivi.*
[309] *Ibidem*, p. 224.
[310] *Ivi.*

Albàro. Un giorno, dopo averla sorpresa sollevata da terra mentre si trovava nella sua stanza, cominciarono ad afferrarla per i piedi e a tirarla giù, ma il suo corpo era rigido come un blocco di marmo. Ad un certo punto riuscirono a farla cadere sul pavimento e la riempirono di percosse[311].

2. STIMMATE- Nel 1750 *le si inasprirono le piaghe delle stimmate*[312] che fino ad allora aveva portato impresse *invisibilmente*[313]. I dolori erano così lancinanti che le sembrava che il petto si gonfiasse proprio dalla parte del cuore dove in effetti le si alzò ed incurvò anche una costola. Da allora, nel più rigido inverno, per il calore che sentiva, sporgeva fuori dal letto (una specie di *pagliericcio*) le mani e i piedi e non usava che *una leggerissima coperta*[314].

3. LIQUEFAZIONE- Spesso il suo corpo era attraversato da vampate di calore: per questo *incendio d'amore* immenso che provava verso Gesù la Solimani "bruciava" e si *liquefaceva*.

Chiara Maria Vernazza osservò che nella sua camera la zia si faceva portare una bacinella d'acqua perché, a causa dell'età, dell'asma che non le dava tregua e la opprimeva[315], della fatica[316] e delle diuturne

---

[311] Cfr. L. Canepa, cit., p. 56; F. Cozzolino, cit, p. 68.
[312] *Ivi.*
[313] *Ivi.*
[314] *Ivi.*
[315] *Ibidem*, p. 201. La Serva di Dio era asmatica: non poteva scendere e salire spesso le scale.
[316] Cfr. L. Canepa, p. 282: il 27 febbraio del 1757 la Solimani ebbe uno svenimento mentre si trovava nel coro. Da quel giorno non si alzò più dal letto.

La Solimani ebbe quattro doni mistici: l'*estasi*,
la *levitazione*, le *stimmate* e la *liquefazione*

penitenze, *era logorata e consunta*[317]. La nipote chiese a
cosa le servisse quell'acqua e la Serva di Dio rispose
che in essa vi immergeva delle pezzuole che applicava
al petto, *per mitigar l'ardor cocentissimo*[318] che provava.

La Vernazza, allora, prese i fazzoletti, li bagnò e
li accostò al torace: con grande meraviglia, come se li
avesse avvicinati *ad un gran fuoco, li vide subito asciutti*[319].

---

[317] *Ibidem*, p. 280.
[318] *Ivi.*
[319] *Ivi.*

110

Inoltre, la parte del cuore *ardeva e risplendeva come una fiamma di fuoco che diffondevasi a guisa di un lucido raggio*[320]. La *Venerabile* esclamò: -*Gesù mio, liquefar mi sento; Gesù mio, mi sento morire*[321]-. Questo *fuoco divino*[322], aggiunse il Canepa, produceva *un soavissimo odore*[323] simile all'incenso. Tra coloro che sentirono questo "profumo di santità" ci furono Cesare Giudice e suor Costanza Valentina Rossi, oltre alla già citata Vernazza[324]. Un sacerdote (probabilmente don Fruttuoso Canessa, confessore ordinario del monastero) attestò di aver visto nel 1747, mentre conversava con lei, *un sottil vapore di fuoco penetrante e gentile*[325] che le usciva dalla sua persona. A causa delle stimmate, soprattutto durante la Quaresima, la mistica provò *un cocente ardore*[326] a tal punto che era costretta a stringere tra le mani un pezzo di ferro o qualche altro oggetto refrigerante[327].

---

[320] *Ivi.*
[321] *Ivi.*
[322] *Ivi.*
[323] *Ivi.*
[324] *Ivi.*
[325] *Ibidem*, p. 200.
[326] A. Bacigalupo, cit., p. 29.
[327] *Ivi.*Cfr. L. Canepa, cit., p. 34.

3. IL SANGUE DELLA VENERABILE

*C*aterina Bensa (suor Romualda)[328], nipote della *Venerabile,* entrò in possesso di alcune gocce di sangue della Solimani. Infatti in due occasioni (nel 1750 e nel 1753) i chirurghi Giambattista Assereto e Andrea Poggi avevano prelevato una certa quantità di sangue dal braccio della zia malata[329]. La suora conservò gelosamente questa reliquia in una scatola di latta e dal liquido sentì uscire *un odore balsamico soavissimo*[330]. Il 21 agosto del 1766 il sangue, contenuto in tre ampolle, fu versato in un'unica boccetta dal benemerito Cesare Fortunato Giudice, alla presenza di suor Gesualda e di suor Chiara Vernazza. Non profumava più, scrissero i biografi, anzi aveva *un odore acido*[331] ed un colore non *rubicondo, ma nero*[332], nonostante continuasse a possedere *un pregio singolarissimo*[333].

Tale ampolla fu custodita, insieme ad alcune ciocche di capelli e ad altri oggetti della Serva di Dio[334].

Il 25 gennaio del 1767 con una stilla di sangue della *Venerabile* mischiata nel brodo si riprese da una grave malattia l'arcivescovo di Genova Monsignor Giuseppe Maria Saporiti[335], che aveva ormai gli occhi

---

[328] Caterina Bensa (*suor Romualda Maria Battista*), sorella di Maria Bensa (*suor Gesualda Maria Battista*) era la figlia di Maria Caterina, sorella della *Venerabile*. Entrò a far parte della prima Comunità delle Romite il 16 marzo del 1735. Cfr. L. Canepa, cit., p. 46: la Solimani aveva profetizzato che le due nipoti sarebbero diventate suore Romite.

[329] Cfr. A. Bacigalupo, cit., p. 284.

[330] *Ivi.*

[331] *Ibidem*, p. 285.

[332] *Ivi.*

[333] *Ivi.*

[334] *Ivi.*

[335] Cfr. *Giuseppe Maria Saporiti (ad vocem)*, in «Storia ecclesiastica di Genova e della Liguria dai tempi apostolici sino all'anno 1838», Torino 1838, pp. 104-110.

deboli, scoloriti ed incavati e *cadaverico il viso*[336]: ebbe così la grazia di vivere altri due mesi, fino al 14 aprile dello stesso anno.

Il Saporiti fu un vescovo *dottissimo e vigilantissimo, che riuniva zelo e fermezza di animo apostolico*[337]. Di lui si ricordano i *Pastorali avvertimenti* rivolti al clero (Genova, 1746) e le *Istruzioni pastorali* (Genova, 1759).

Nel 1751 la Solimani ebbe una malattia che stava per condurla alla morte e *tutta la città era in duolo*[338]; risanò improvvisamente. Chiese di bere (durante la sua infermità persino una goccia d'acqua le provocava il vomito)[339] e le monache *le stemperarono nel brodo un uovo*[340]; poi le diedero del cioccolato[341]. In questo periodo, dopo un'estasi[342], fu sorpresa da un malore e da una copiosa epistassi: *alcune suore raccolsero nei fazzoletti del sangue che le filava dal naso*[343]. La nipote suor Chiara in una circostanza, per soddisfare la curiosità e sperimentare il fatto che la Solimani restasse *fuori dai sensi* per circa un'ora *si diede a punzecchiarla con acuto spilletto fino a sprizzar dalla pelle*

[336] *Ibidem*, p. 283.
[337] Giuseppe Maria Saporiti, (*ad vocem*), cit., p. 109.
[338] A. Bacigalupo, cit., p. 224. Per evitare che la gente si introducesse con lui, l'arcivescovo Saporiti si recava nel monastero dopo la mezzanotte, avendo informato il *serenissimo* doge Agostino Viale (1692-1777), devotissimo della Serva di Dio, affinché tenesse aperta la porta della città.
[339] *Ibidem*, p. 222: la Venerabile mangiava dopo il tramonto: questo era il dono dell'*inedia* o *digiuno prolungato*.
[340] *Ibidem*, p. 228.
[341] *Ivi.*
[342] Cfr. L. Canepa, p. 120: quando ingoiava la *particola* perdeva il contatto con la realtà; immobile ed estatica, era di impedimento a chi, dopo di lei, doveva comunicarsi. Il suo confessore le consigliò di fare la Comunione per ultima.
[343] *Ivi.*

qualche gocciolina di sangue[344]: la Serva di Dio non solo non sentì alcun dolore, ma neppure si accorse di essere stata scossa e tirata per le braccia.

Monsignor Giuseppe Maria Saporiti, arcivescovo di Genova. Le *Regole* delle *Romite* furono pubblicate *a stampa* proprio durante il suo mandato

---

[344] A. Bacigalupo, cit., p. 79.

VITA

DELLA VENERABILE SERVA DI DIO

GIOVANNA MARIA BATTISTA
SOLIMANI

FONDATRICE

DELL'ORDINE DELLE MONACHE ROMITE,

E DELLA CONGREGAZIONE

DE'SACERDOTI MISSIONARJ
DI S. GIOVANNI BATTISTA

SCRITTA
DA LORENZO CANEPA
RETTORE DEL NOBILE COLLEGIO DURAZZI,

E DEDICATA
AL SERENISSIMO

GIAN CARLO PALLAVICINI
DOGE
DELLA REPUBBLICA DI GENOVA.

IN GENOVA MDCCLXXXVII.

NELLA STAMPERIA CASAMARA DALLE CINQUE LAMPADI.
CON PERMISSIONE.

VITA

DELLA VENERABILE SERVA DI DIO

GIOV.NNA M. BATTISTA SOLIMANI

FONDATRICE

DELL' ORDINE DELLE MONACHE ROMITE

E DELLA CONGREGAZIONE

DEI SACERDOTI MISSIONARI DI S. GIO. BATTISTA

COMPENDIATA

DA ANTONIO BACIGALUPO

PRETE GENOVESE.

GENOVA
TIPOGRAFIA DELLA GIOVENTÙ

1875.

GIOVANNI MUSSO

UNA MISTICA
DEL SECOLO XVIII

Vita della Madre

GIOVANNA BATTISTA SOLIMANI

Fondatrice delle Romite di S. G. Battista

★

GENOVA 1960

Filippo Cozzolino

Una Mistica Genovese
GIOVANNA BATTISTA SOLIMANI

**Fondatrice delle Romite
di San Giovanni Battista
(1688-1758)**

EDIZIONI SEGNO

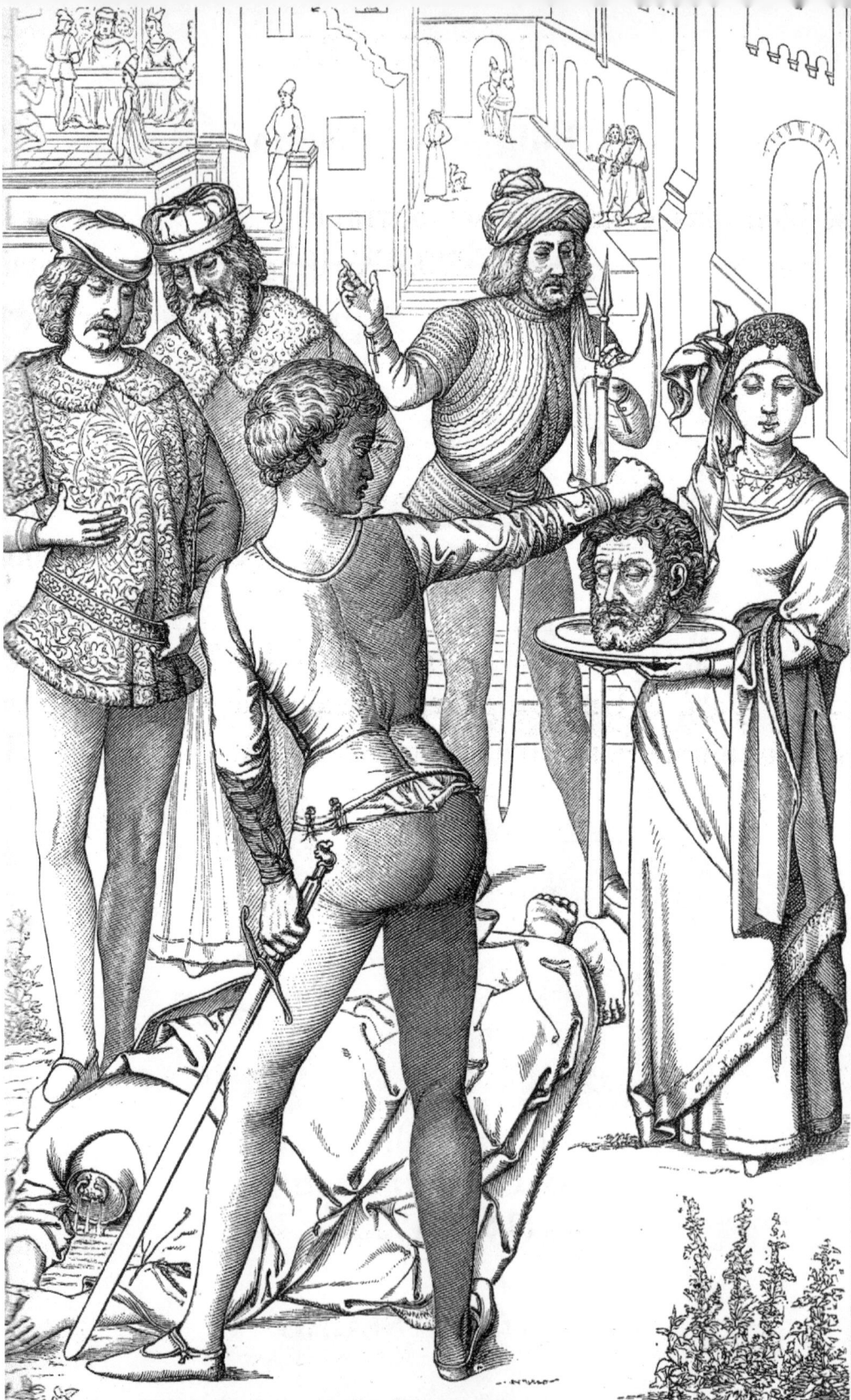

Il martirio di san Giovanni Battista

Laurentius Fliscus Ianuensis, Ianuae Archiepiscopus
S.R.E. Præsbyter Cardinalis
Creatus in Consistorio Secreto die 17. Maij 1706.
Obijt die prima Maij 1726.
Dominicus de Rubeis formis Rome ad Temp. Pacis cu Priu. S. Pont.

Il noto cardinale Lorenzo Fieschi (1642-1722).
Fu sepolto a Genova, nel duomo di San Lorenzo

121

4. LE REGOLE DELLE ROMITE
DI SAN GIOVANNI BATTISTA

REGOLE
DELLE ROMITE
DI S. GIAMBATTISTA
APPROVATE
DA NOSTRO SIGNORE
BENEDETTO PAPA XIV.

IN GENOVA, MDCCXLIX.

Dalle Stampe di Paolo Scionico. Con lic. de' Sup.

*S*uor Solimani sapeva leggere e scrivere[345]. Il 21 agosto del 1752 Monsignor Saporiti, arcivescovo di Genova, nel benedire la prima pietra della chiesa annessa al monastero, affermò nell'omelia che la Madre aveva elaborato e redatto la *Regola*, illuminata da Dio, quando ancora non sapeva né leggere né scrivere.

Al termine la Serva di Dio si rivolse alle suore, mostrando la sua contentezza per essere stata *motteggiata* dal presule. Le *Regole* vennero pubblicate a Genova, dalla tipografia di Paolo Scionico, nel 1749[346]. Suddivise in 24 capitoli contrassegnati da un numero romano, esse si sviluppavano in 144 pagine, che comprendevano, in apertura, un *Breve* del papa Benedetto XIV e alle quali seguiva una postilla di altre 21 pagine, a firma dell'arcivescovo Giuseppe Maria Saporiti.

BREVE
DI NOSTRO SIGNORE
BENEDETTO PAPA XIV.
Per la Fondazione del Monaſtero
DELLE ROMITE DI S. GIAMBATTISTA
NELLA CITTA' DI GENOVA.

Breve del papa Benedetto XIV. Nella pagina successiva *San Giovanni Battista* in un'incisione di *Martin Schongauer* (1448-1491)

---

[345] Nella lettera inedita presentata in questo volume ci sono alcuni errori ortografici.

[346] *Regole delle Romite di S. Giambattista, approvate da nostro Signore Benedetto Papa XIV*, Dalle Stampe di Paolo Scionico, Genova 1749.

· CAPITOLO I- Degli abiti e della biancheria delle *Romite*.

La *tonaca*, ovvero *l'abito esteriore*, dovrà essere di lana ordinaria color cannella scura, lungo fino a terra. L'*abito interiore* o *tonachino* potrà essere di lana meno ordinaria e non giungerà fino a terra. Sarà indossato d'inverno per ripararsi dal freddo e d'estate durante la notte. Il *sottabito* sarà sempre tenuto la notte, quando la Romita dormirà su un pagliericcio. La *pazienza* (*scapolare*) sarà larga due palmi e lunga: di questa stessa lunghezza sarà il manto, che si userà nelle solenni *Funzioni* e nelle *Comunioni* nei giorni festivi. I *sandali* saranno di corda, con una suola ed una *soprasuola* tessuta di cordicelle, due delle quali fungeranno da staffe[347]. I *sudari* saranno come le camicie lunghi fino al ginocchio e di tela di canapa, del cui materiale saranno anche i fazzoletti per il naso e le altre biancherie. I *veli* dovranno essere di bombacina crespa di color scuro come la tonaca. Le *Professe di Coro* sopra il velo scuro porteranno anche il *velo nero*, di bambagina più leggera e sottile. La frontiera e il sottogola sarà di *bambagina color cannella*, ma un po' più chiaro della tonaca. Sul letto, d'inverno, si metteranno le coperte di lana scure, che d'estate saranno di tela di canapa: le foderette dei guanciali

---

[347] Cfr. L. Canepa, cit., p. 79: *erano vietate le scarpette sottili, strette ed attillate*. Le *Romite* dovevano indossarle *senza calze*.

126

saranno bianche. *Questo vestire semplice, povero e da Romita sarà uguale in tutte, senza permettersi in chicchessia la minima varietà o particolarità*[348].

▪ **CAPITOLO II- Della mensa.** Tutte le Romite dovranno partecipare alla *mensa comune*, ad eccezione delle inferme e delle convalescenti *e di chi, per urgente bisogno ed affare, si trovasse qualche volta dispensata dalla Superiora*[349]. A richiamare le monache in refettorio sarà un campanello, che suonerà un quarto d'ora prima del pranzo e della cena. Le *Romite* dovranno trovarsi pronte alla benedizione della tavola; colei che entrerà in ritardo andrà a baciare il pavimento, *in pena della sua negligenza e tardanza*[350].

Durante i pasti regnerà il massimo silenzio, tranne in quelle festività che la Superiora riterrà opportuno. Se qualcuna avrà bisogno di qualcosa *potrà dire poche parole con voce bassa e con circospezione propria e convenevole*[351].

Il pasto potrà essere accompagnato dalla lettura di qualche libro spirituale *prescelto dalla Superiora*[352].

Le Converse serviranno a tavola le pietanze uguali per tutte. Il cibo donato al convento andrà suddiviso in uguali porzioni, *ancorché avesse a toccare una piccolissima parte per ciascuna*[353].

---

[348] *Ibidem*, p. 37.
[349] *Ibidem*, p. 38.
[350] *Ivi.*
[351] *Ibidem*, p. 39.
[352] *Ivi.*
[353] *Ibidem*, p. 40. Alla porta del refettorio sarà affisso un cartello con la scritta *SILENZIO*.

• CAPITOLO III- Del digiuno o astinenza. Della cioccolata.

Al di fuori dei digiuni stabiliti dalla Chiesa, le *Romite* non dovranno fare altre astinenze senza aver prima avuto la licenza della Superiora, *giovando più nella vita spirituale qualunque mortificazione fatta coll'ubbidienza che mille fatte di propria volontà e genio*[354]. Nei giorni più solenni la Superiora potrà dispensare qualcuna dal digiuno, se lo riterrà opportuno. Le *Romite* non chiederanno *cose delicate e gentili*[355]. Per quanto riguarda la cioccolata dovrà essere bevuta come *un ristoro medicinale*[356] e quindi sarà data soltanto alle inferme convalescenti. In altre circostanze non dovrà essere bevuta; questo divieto, aggiunse la Solimani, è utile *per fare argine a certi abusi che introducono pian piano nei monasteri una vita morbida e comoda e distruggono pian piano la perfetta osservanza*[357].

• CAPITOLO IV- Della perfetta vita in comune.

La perfetta vita in comune è *l'anima di ogni ben regolato ed osservante monastero*[358]. La *gemmma preziosa,* dunque, che le *Romite* dovranno sempre conservare è la santa Povertà (aver *spirito di Povertà e contentarsi della Povertà*[359]. Inoltre, in questa perfetta

---

[354] *Ibidem*, p. 41.
[355] *Ibidem*, p. 42.
[356] *Ivi.*
[357] *Ibidem*, p. 43.
[358] *Ivi.*
[359] *Ibidem*, p. 44.

vita insieme, dovranno tutte *faticare, vegliare ed operare*[360]. La Superiora avrà sempre *mille occhi aperti per togliere con santo zelo ed ardore qualunque abuso che vedesse o si accorgesse di introdursi contro la perfetta comune vita*[361]. Nel monastero ci sarà una pannerìa di due o tre stanze per conservare gli abiti, i sandali e la biancheria, le coperte, insomma, *tutto il bisognevole per il vestiario*[362]. Le attività in comune si svolgeranno in uno stanzone e nella depositerìa si conserveranno i lavori realizzati.

▪ CAPITOLO V- Delle stanze delle *Romite*.
Tutte le immagini presenti nelle stanze dovranno essere di carta; gli sportellini delle finestre andranno coperti con della carta oppure con cera intelata[363]. Le porte, prive di serrature, avranno *un semplice ordigno di ferro, tal che la Superiora o Vicaria possano, col tirare la semplice cordicella, subito aprirle, volendole aprire o visitare*[364]. Una volta al mese la Superiora verificherà che le *Romite* vivano in povertà, *secondo lo spirito della Regola*[365] e che le stanze, *strette, povere e semplici*[366], siano lavate e spolverate.

▪ CAPITOLO VI- Della chiesa.
La chiesa dovrà essere piccola e contenere come numero massimo tre altari. Le suore dovranno tenerla sempre *pulita e ben custodita*[367]. Al lato dell'altare maggiore dovranno essere presenti due finestre con relative *portoncine*. Una servirà per la Comunione e sarà dotata di un

---

[360] *Ivi.*
[361] *Ivi.*
[362] *Ibidem*, p. 45.
[363] Cfr. G. Musso, p. 87: la Solimani proibì alle *Romite* di affacciarsi alle finestre, per non lasciarsi distrarre dall'*eccessiva contemplazione delle bellezze panoramiche della città.*
[364] *Regole delle Romite...*cit., p. 46.
[365] *Ivi.*
[366] *Ibidem*, p. 47.
[367] *Ivi.*

BENEDETTO XIV.

Papa Benedetto XIV

altarino; quella al lato sinistro servirà, invece, per le funzioni sacre di elezione della Superiora, per le prediche e gli *Esercizi spirituali*. In un lato della parete, all'interno di una nicchia, si conserverà il vaso dell'olio santo degli infermi, per amministrare l'estrema unzione *in ogni urgente ricorrenza*[368]. In chiesa ci sarà un solo confessionale, *per udire le confessioni delle Terziarie Questuanti, che dovranno confessarsi allo stesso confessore ordinario del monastero*[369]. La sacrestia sarà ubicata in un locale attiguo alla chiesa; una *ruota* servirà per comunicare con le sagrestane. Il confessore ascolterà le confessioni *in un sito proprio, comodo e segregato*[370].

• CAPITOLO VII- Dell'*Ufficio* divino.

In Coro sarà affissa una *tabella* che contiene le ore dell'*Ufficio divino*. Il *Mattutino* si terrà tutto l'anno un'ora dopo la mezzanotte. Nella distribuzione delle ore tra l'inverno e l'estate bisognerà riservare *un convenevole tempo per il lavoro*[371], avendo almeno cinque ore di riposo prima del *Mattutino*. Il canto durante la messa sarà *semplice ed andante, a modo eremitico*[372].

• CAPITOLO VIII- Dell'orazione mentale.

La vita della Solimani era *una continua orazione*[373], scrisse il suo primo biografo Lorenzo Canepa. Tra le riflessioni principali le *Romite* prediligeranno quelle riguardanti la *Fede* e la *Passione* di Gesù. La Superiora provvederà a procurare loro *buoni libri pii*. Solimani citò una massima di san Francesco di Sales: «*Orazione è l'acqua di benedizione la quale, irrigandoci, fa*

---

[368] *Ivi.*
[369] *Ibidem*, p. 49.
[370] *Ivi.*
[371] *Ibidem*, p. 50.
[372] *Ibidem*, p. 53.
[373] L. Canepa, cit., p. 84.

rinverdire e fiorire le piante dei nostri buoni desideri: lava le anime nostre dalle imperfezioni e libera i nostri cuori dalle sue passioni»[374].

S. François de Sales.
Il était l'homme le plus doux entre tous ceux qui habitaient sur terre.

BENZIGER & CO.   DÉPOSÉ.   EINSIEDELN, SCHWEIZ.

Un *canivet* di San Francesco di Sales (1567-1622) fu, per la Solimani, un modello di santità. Cfr. A. Bacigalupo, p. 55: *Ben le stava altamente scolpita nell'animo la sentenza di S. Francesco di Sales sulla scelta dei confessori, doversi cioè scegliere tra diecimila, trovandosene meno di quel che altri si crede.* La citazione era tratta dalla famosa opera *Filotea (Introduzione alla vita devota)* di San Francesco di Sales: *«Cercati il miglior confessore che puoi... Vai dal tuo confessore, aprigli bene il cuore, svelagli tutti i nascondigli della tua anima, accetta i consigli che ti darà, con grande semplicità ed umiltà»*

---

[374] *Regole delle Romite,* cit., p. 55.

· CAPITOLO IX- Della Confessione e della Comunione. Le *Romite* si confesseranno tutte le volte che ne sentiranno la necessità; la Comunione si farà nei soli giorni prescritti. Colei che avrà *maggior fame di questo eucaristico cibo*[375] potrà chiedere al confessore il permesso di comunicarsi con più frequenza. Nei giorni festivi tutte le *Romite* dovranno comunicarsi. Due volte l'anno la Superiora chiamerà il confessore straordinario, prima di Pentecoste e di Natale. Coloro che vorranno prendere la Comunione subito dopo l'orazione mentale, *procurino di confessarsi brevemente senza scrupoleggiare e senza servire di impedimento o di noia alle altre che debbono confessarsi dopo di loro*[376]. Una volta l'anno si svolgeranno gli *Esercizi spirituali*. In questo capitolo la Solimani aggiunse che la Romita che ha più *spirito e sodezza religiosa...molto tempo sta ai piedi del Crocifisso e poco ai piedi del confessore*[377].

· CAPITOLO X- Delle Novizie. Prima di ricevere una *donzella* ed ammetterla al noviziato, la Superiora, la Vicària, la Maestra delle Novizie ed il confessore dovranno *esplorare con gentilezza, carità e destrezza tutte le sue qualità e condizioni, se ha frequentati i Divini Sacramenti, se è amante della modestia e ritiratezza, se è sana e robusta per osservare tutto quanto la Regola prescrive, se è di civili, onestissimi natali e se veramente ha questo spirito di vocazione alla Religione*[378]. Per essere ammesse bisognerà aver compiuto almeno 15 anni. Sarà poi il vescovo ad esaminare l'aspirante Romita. La Superiora fornirà ai parenti della Novizia *una nota di quel poco che vi bisogna*[379].

---

[375] *Ivi.*
[376] *Ibidem*, p. 56.
[377] *Ibidem*, p. 57.
[378] *Ibidem*, p. 57.
[379] *Ibidem*, p. 58.

- **CAPITOLO XI- Della *Professione solenne*.** Con una candela accesa e con la formula davanti agli occhi la Novizia farà la sua *Professione solenne;* con chiara voce leggerà le seguenti parole:

Io, suor N.N. Romita, novizia di S. Giambattista, *promotto e solennemente per voto promotto* a Dio Onnipotente ed alla gloriosa Santissima Vergine Maria ed al mio Patriarca *S. Giambattista* ed a Voi, mio Superiore e mia Madre superiora e a tutte le altre *Superiore* che saranno qui canonicamente elette, *di volere vivere sempre fino alla morte* in POVERTÀ, in CASTITÀ, in UBBIDIENZA ed in CLAUSURA PERPETUA, secondo lo spirito delle *Regole* di San Giambattista, approvate dalla Santa Sede. E però prego san Michele Arcangelo e tutta la Corte celeste ad assistermi per osservare fedelmente quanto per voto di *spontanea libera mia volontà* ho promesso e di nuovo costantemente prometto.

Io Suor N.N. di mano propria[380].

NOTA. Il Superiore le dirà di accettare la *libera* e *solenne Professione* e le metterà il *velo nero* sul capo, se sarà *Professa di Coro* mentre, se non lo sarà, le darà solo la coroncina del Rosario.

- **CAPITOLO XII- Della disciplina e cilizio.** La disciplina *comune* sarà fatta nel Coro o nel Capitolo tre volte la settimana, tranne dalle inferme e dalle indisposte che ne saranno dispensate. A lumi spenti le *Romite* si disciplineranno per il tempo di un *Miserere*, di un *Benedictus* e di un *De Profundis*. Il cilizio sarà portato nei giorni e nelle ore indicati dal confessore; se qualcuna vorrà intensificare le penitenze si rivolgerà sempre prima al confessore, *per non cadere in qualche inganno*[381]. Ognuna, poi, dovrà praticare la cosiddetta "morficazione interna": *chi la praticherà con*

---

[380] *Ibidem*, p. 129.
[381] *Ibidem*, p. 65.

maggiore attenzione e cura, vincendo se stessa, più presto giungerà ad una vera e soda perfezione[382].

- **CAPITOLO XIII- Del silenzio e della ricreazione.** Nella stanza comune del lavoro si osserveranno due ore di silenzio, che sarà rispettato anche nel refettorio (a pranzo e a cena), nel Coro e nel Capitolo. Se qualcuna avesse da chiedere qualcosa, dovrà farlo *con voce molto bassa e con molta edificazione*[383]. La ricreazione sarà di mezz'ora dopo il pranzo e di un quarto d'ora dopo la colazione o la cena. Per il giovedì la Superiora, che dovrà essere *prudente, caritativa e discreta*[384], potrà ad alcune permettere un tempo di ricreazione più prolungato.

Pesaro: *Testa del Battista* di Giovanni Bellini

---

[382] *Ivi.*
[383] *Ibidem*, p. 66.
[384] *Ivi.*

- **CAPITOLO XIV- Dei lavori.** Nelle *Regole* suor Solimani citò una perìcope degli *Atti degli Apostoli:* san Paolo, in partenza da Mileto, rivolgendosi ai compagni disse di non aver desiderato né oro né argento, né veste di alcuno e di essersi procurato con le sue stesse mani le cose a lui necessarie. Stesso concetto egli ribadì in un passo della *Lettera ai Corinti*. Pertanto la *Venerabile* invitò le *Romite* a lavorare e a recitare preghiere.

Cattedrale di *Notre Dame* di Amiens: l'insigne reliquia del cranio (*le chef*) di san Giovanni Battista

- **CAPITOLO XV- Delle suppellettili.** Soltanto in chiesa si potranno tenere ed usare gli oggetti sacri in oro ed argento e i paramenti in seta donati dai benefattori o provenienti da elemosine. Nel monastero, però, rimarcò la Solimani, dovrà *risplendere una* *somma povertà e semplicità e nulla comparire di sì fatte cose, dovendo tutte considerare che sono Romite, e Romite povere e Romite seguaci di san Giambattista*[385]. Pertanto, sprezzando la ricchezza, per non lasciarsi inebriare dal lusso, saranno bandite dal convento *posate di argento o anelli o tazze o altro utensìle di cosa doviziosa o fazzoletti di seta o altre novità e particolarità simili, tanto sconvenevoli a chi professa la perfetta vita comune e la perfetta santa povertà*[386]. Gli oggetti sacri saranno conservati in una stanza del monastero attigua alla sacrestia, *in credenzoni lavorati per questo fine*[387].

La *Venerabile* Giovanna Battista Solimani fu davvero una "santa". Nel mese di novembre del 2019 papa Francesco ha approvato il *Decreto sulle Virtù eroiche*

[385] *Ibidem*, p. 69.
[386] *Ivi*.
[387] *Ibidem*, p. 70.

EGO VOX CLAMNTIS IN DESERTO PARA[...]

HER·M

- **CAPITOLO XVI- Delle *Terziarie questuanti*.** Le *Romite* dovranno sostenersi con i loro lavori e con le elemosine. Dalla condotta delle *Terziarie questuanti* che andranno in giro per la città dipenderà *il decoro e la stima del monastero e delle povere Romite rinchiuse*[388]. *Le Terziarie* dovranno essere *di buoni costumi, modeste, umili e divote, istruite e ben ammaestrate circa la loro incombenza*[389]. Le Converse questuanti non usciranno dalla loro abitazione senza il permesso della Superiora e non introdurranno nella loro casa né uomini né donne. Per fare la raccolta delle elemosine si andrà in coppia: una delle due questuanti dovrà avere almeno quarant'anni. La Conversa più anziana, nel ruolo di *regolatrice*, vigilerà sulle altre e, a sua volta, renderà conto alla Superiora, comunicando l'ammontare delle offerte.

- **CAPITOLO XVII- Delle doti e loro impiego.** La dote delle *Romite di Coro* sarà di 3 mila lire genovesi (o di moneta romana equivalente) e quella delle Converse di 300 lire. Se qualcuna volesse portare con sé una dote superiore *per sussidio del monastero*[390], questa sarà sempre per tutta la comunità. Le doti dovranno essere *in soldo effettivo e patente*[391]: tale somma sarà depositata in un *luogo pio* fino al giorno della *Professione* e, poi, in un *Monte*. La Solimani aggiunse che bisognava togliere alle Romite *il gran peso ed imbarazzo che porta seco il possedere case, censi o vigne o cose simili, desiderandosi piuttosto poco frutto sicuro, quieto e senza litigio che molto frutto incerto, pericoloso e il più delle volte litigioso, onde cagiona vessazioni, disturbi ed inquietezze*[392].

---

[388] *Ivi.*
[389] *Ibidem*, p. 71.
[390] *Ibidem*, p. 73.
[391] *Ibidem*, p. 74.
[392] *Ivi.*

SPICVLATOR DECOLLAVIT IOANNEM IN CARCERE

P. Rubens pinxit   J. Pecini Sculp. et

- **CAPITOLO XVIII- Dell'elezione della Superiora e delle altre Uffiziali.** Il 20 giugno, ovvero quattro giorni prima del 24, giornata consacrata alla nascita di san Giovanni Battista: sarà questo il giorno dedicato alle elezioni, affinché la Madre, sotto la protezione del Precursore di Cristo, possa cominciare ad esercitare il suo ufficio *con animo ilare e coraggioso*[393]. La carica avrà una durata triennale, così come tutte le altre mansioni che saranno assegnate.

Le preghiere mattitune saranno accompagnate dalla messa e dalla Comunione, *per implorare da Dio lume e grazia di fare l'elezione di un'ottima Superiora senza riguardo veruno di proprio interesse e senza alcun rispetto umano*[394]. A votare saranno le *Romite* di Coro; ognuna potrà anche votare per sé. La badessa dovrà avere almeno 40 anni ed 8 anni di *Professione*. La scheda per il voto consiste in una *carticella* che reca in alto a sinistra il sigillo del monastero.

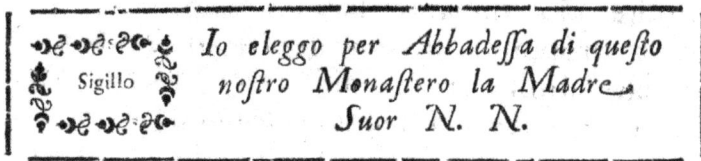

Facsimile della *schedula* o *cartolina* per l'elezione della Badessa

La votazione avverrà in questo modo: ogni Romita si recherà nella propria stanza, si metterà in ginocchio e reciterà il *Veni creator Spiritus* per implorare lo Spirito Santo. Quindi scriverà *segretamente* nella scheda il nome della Romita che vorrà eleggere come badessa. Piegherà la scheda e la conserverà senza mostrarla a nessuno e senza, ovviamente, rivelare quale è stata la sua preferenza. Quando verrà l'arcivescovo a celebrare la messa e a fare la *Funzione* le schede saranno a lui consegnate. Fatto lo spoglio e decretata la Superiora,

---

[393] *Ibidem*, p. 75.
[394] *Ivi.*

quest'ultima provvederà ad indicare al presule tre nomi per la *Vicària* e tre per le *Maestre delle Novizie*. Questa nuova elezione avverrà il 21 giugno: al posto delle schede si utilizzeranno i fagioli *bianchi* e *neri*. A ciascuna Romita si consegneranno sei fagioli, tre bianchi e tre neri. Tali legumi saranno messi in un bussolotto: il fagiolo *bianco* indicherà il voto *favorevole*, quello *nero* il voto *contrario*.

I fagioli *bianchi* e *neri*: ogni Romita ne aveva a disposizione tre di entrambi i colori che venivano utilizzati per l'elezione (il 21 giugno) della *Vicaria* e della *Maestra delle Novizie*

Il 22 giugno la nuova Superiora provvederà all'elezione della *sacrestana*, della *depositaria* e della *pannista*. Seduta ad un tavolino posto a capo del Capitolo proporrà i nomi. Quindi si procederà alla *"pallottazione"*.

Se il primo nominativo avrà superato il cinquanta per cento dei voti non ci sarà più bisogno di passare alla seconda e alla terza proposta di voto. Sempre il 22 giugno, la Superiora, insieme alla Vicària e alla Maestra delle Novizie, alla presenza di quattro *Romite* più anziane, nominerà la portinaia, la dispensiera, la cuciniera *e a tutte darà una compagna propria, secondo il bisogno, in aiuto e sussidio*[395]. Ogni Romita onorerà il suo incarico *con molta perfezione*[396]: svolgere bene il compito assegnato, concluse in questo capitolo la Solimani, vale più di una qualsiasi *austerissima penitenza*[397].

· **CAPITOLO XIX- Degli obblighi della Superiora e delle altre *Uffiziali*.** Non è un compito facile, queello della Superiora, ma *gravoso*[398]. La Superiora dovrà avere, in particolare, cinque

---

[395] *Ibidem*, p. 79.
[396] *Ibidem*, p. 80.
[397] *Ivi*.
[398] *Ibidem*, p. 80.

prerogative: dovrà essere *zelante, sollecita, prudente, costante* ed *affabile*[399].

1. LO ZELO- Lo zelo si applicherà in tante piccole "attenzioni": custodire la clausura e l'infermeria; fare l'*Ufficio divino* e l'orazione mentale; far ardere continuamente la lampada in chiesa davanti al Santissimo e quella nel dormitorio durante la notte; *procurare, per quanto a lei appartienesi, la salute ed il profitto spirituale di tutte le Romite e a lei soggette e di cui un giorno dovrà rendere strettissimo conto avanti il formidabile Tribunale di Dio*[400].

2. LA SOLLECITUDINE- La Madre dovrà dare alle altre l'esempio e sarà la prima a farsi trovare pronta in coro, all'orazione, al lavoro, al refettorio.

3. LA PRUDENZA- La prudenza riguarderà la cautela nel correggere i difetti e spegnere subito quelle contese che potrebbero nascere tra le monache.

4. LA COSTANZA- Dovrà essere costante nelle sue attività: ogni sabato sarà fatto il *Capitolo delle colpe* e si opporrà a qualsiasi abuso che potrebbe introdursi nelle mura del convento; osserverà e farà osservare le *Regole* professate; infine, sarà costante *nell'impedire ogni trastullo carnevalesco o altre inezie simili sconvenevoli a Spose di Gesù Cristo e specialmente alle Romite di S. Giambattista*[401].

5. L'AFFABILITÀ- Si mostrerà amorosa con tutte, consolando all'occorrenza chi ne ha bisogno, *usando qualche condiscendenza nei tre digiuni di pane ed acqua preferiti dalla Regola con chi conosce di essere indisposta o debole, potendola inviare in Infermeria a*

---

[399] *Ivi.*
[400] *Ibidem*, p. 81.
[401] *Ibidem*, p. 82.

prendere qualche cosa bisognevole e praticando, infine, una santa sofferenza colle imperfette, pregando per loro il Divin Signore perché da ogni difetto le ripurghi[402].

• **LA VICÀRIA-** La *Vicària* dovrà constatare che gli ordini della Superiora siano fedelmente eseguiti; che nel prendere i Sacramenti *ognuna sia pronta e fedele*[403] ed occupi il posto assegnato in coro, nel refettorio e nel Capitolo. Al momento del silenzio tutte si ritireranno nelle stanze. Ogni Romita dovrà fare, con puntualità e vigilanza, il suo ufficio. L'*eddomadarie* daranno a tempo giusto, secondo la tabella, i segni del *Mattutino*, delle ore canoniche e di tutte le funzioni. La *Vicària*, insomma, sarà *di aiuto, di sollievo e di braccio*[404] alla badessa: sarà al suo fianco quando bisognerà trattare gli affari del monastero o con ecclesiastici o con i secolari.

• **LA MAESTRA DELLE NOVIZIE-** La Maestra delle Novizie dovrà essere *accorta nel parlare e prudente nell'operare, sollecita nel Servizio di Dio e fedele nell'adempiere le parti tutte dell'Uffizio suo. Deve ben ammaestrare le sue Novizie*[405] e farà in modo che si affezionino all'orazione mentale, *esercizio santo e profittevole*[406]. La Maestra insegnerà alle Novizie a recitare il breviario: vigilerà su di loro, perché stiano *modestissime e divote*[407] senza prendere discorso o dimestichezza con le Professe. Nella stanza del comune lavoro si siederà vicono a loro, guardandole *come fanciulle fidate alle di lei cura e direzione*[408].

---

[402] *Ibidem*, pp. 82-83.
[403] *Ibidem*, p. 83.
[404] *Ivi*.
[405] *Ibidem*, p. 84.
[406] *Ivi*.
[407] *Ibidem*, p. 85.
[408] *Ivi*.

San Giovanni Battista in un'antica incisione

• **LA SACRESTANA, LA DEPOSITÀRIA, LE PANNISTE-** La vigilanza della sacrestana sulla pulizia degli apparati e sulla loro custodia sarà somma. Avviserà a tempo la Superiora di ciò di cui ha bisogno la Chiesa. Non dovrà inquietarsi e non si fermerà a parlare alla *ruota*, che corrisponde alla sacrestia. La depositaria, a sua volta, prenderà conto di tutti i lavori che saranno affidati alle *Romite*. In una cassa della depositeria, chiusa con tre chiavi, dovranno conservare i soldi (provenienti da elemosine, dai lavori fatti o dalle doti) che entrano nel monastero. In un registro (il cosiddetto *"libro di introito"*) sarà segnato il denaro che entra e in un altro (*"libro di esito"*) quello che esce per l'acquisto degli alimenti ed altre necessità. Alla fine di

146

ogni mandato triennale i brogliacci saranno consegnati al vescovo. Le *panniste* avranno cura della *panneria* e di tutte le suppellettili ivi presenti: si occuperanno di riparare gli abiti e di tenere pulita la biancheria. In tale lavanderia saranno presenti dei **credenzoni**, ovvero degli armadi nei quali conservare il vestiario. Ogni otto giorni sarà consegnata la biancheria necessaria. *Questo ufficio è di molta fatica*[409], si legge nelle *Regole*, e da esso *dipende in buona parte il sostegno e stabilimento della perfetta vita comune*[410].

• **LA PORTINAIA E LA *ROTARA*-** Entrambe dovranno essere *circospette in non prendere discorsi lunghi con chicchessia; in disbrigare con poche ponderate parole le faccende necessarie; in non dimandare mai novelle del secolo e del mondo; in non portare mai imbasciata o dono o lettere a qualsisia religiosa senza avere prima comunicato e presentato tutto alla Superiora*[411]. L'ascoltatrice dovrà essere assistente a chiunque e parlerà, con le dovute e debite licenze, con gli ecclesiastici e con i secolari. Qualora dovvesse sentire una parola impropria e sconvenevole, lo farà notare:

• **L'INFERMIERA E LA DISPENSIERA-** Entrambe saranno *caritatevoli*; la prima con le inferme e convalescenti; la seconda con tutte le sue consorelle e metterà in ordine il refettorio, *provvedendolo del bisognevole*[412].

• **CAPITOLO XX- Della ritiratezza delle Romite.** Il titolo stesso di *Romite* o di *Spose di Gesù Cristo* impegnerà le religiose *ad una somma ritiratezza, volgendo affatto le spalle a quel mondo che hanno per*

[409] *Ibidem*, p. 87.
[410] *Ivi.*
[411] *Ivi.*
[412] *Ibidem*, p. 88.

sempre abbandonato[413]. La Superiora provvederà a conservare nella sua stanza le chiavi della *Clausura*. La portinaia le avrà soltanto di giorno *per urgente bisogno e patente motivo e quando per mezzo della ruota non può supplirsi al bisogno che occorre*[414]. Di notte, invece, le chiavi non saranno mai date a nessuna: in caso di *necessità* (ingresso del confessore, del medico o del cerusico) sarà la stessa badessa ad aprire la *Clausura*, insieme con la sua *Vicària*, con la portinaia e con una suora anziana. Quando nel monastero entreranno i muratori, i fabbri o i medici, allora un suono della campanella darà il segnale affinché ognuna si ritiri nella propria stanza. Le due ruote (*una* per il convento, *l'altra* per la chiesa e la sacrestia) non si dovranno mai aprire, se non quando è uscito il sole. Anche in questo caso le chiavi resteranno nelle mani della Superiora, che di tanto in tanto controllerà la chiusura, di notte, degli sportellini interni delle ruote.

• CAPITOLO XXI- Del parlatorio. Con i parenti più stretti (padre, madre, fratelli, sorelle, zii) e con altri familiari (cognati e cugini) si potrà parlare soltanto sei volte l'anno, tre volte con i primi e tre volte con i secondi. Non sono consentiti colloqui durante la Quaresima, l'Avvento, le vigilie, le Comunioni generali, le feste, gli *Esercizi spirituali*: in queste circostanze il parlatorio resterà chiuso. In caso di necessità potranno parlare solo la Superiora e la sua *Vicària,* ma con le grate velate, *cioè coperte con oscure tendine*[415]. Al parlatorio le suore si recheranno sempre *coperte e velate, col velo fino al petto calato*[416]: unica eccezione con i parenti più stretti. Due devono essere le grate, *dotate di due cancellate di ferro ben assicurate e ben strette per ciascuna, una dalla parte di fuori e l'altra*

---

[413] *Ibidem*, p. 89.
[414] *Ivi.*
[415] *Ibidem*, p. 92.
[416] *Ivi.*

dalla parte di dentro[417]. La grata interna, a sua volta, avrà un finestrino (di legno) che potrà chiudersi con la chiave.

▪ CAPITOLO XXII- Delle inferme e defunte.

La carità delle *Romite* dovrà brillare, soprattutto, con le inferme e con le defunte. Laddove è possibile, le piccole indisposizioni quotidiane dovranno essere tollerate con prudenza, senza ricorrere quindi subito ai medici e ai medicamenti. La pressenza del medico all'interno del convento sarà annunciata con il suono di un campanello: il dottore, *recto tramite, cioè per una via dritta, senza divagare per curiosità altrove*[418] sarà condotto in infermeria. Stessa cosa accadrà con il confessore o con il cerusico. Il confessore, in cotta e stola, sarà accompagnato da un collaboratore *morigerato e di età matura*[419] e provvederà ad amministrare i sacramenti o a raccomandare l'anima dell'inferma. La Superiora e la *Vicària* resteranno a debita distanza, dove potranno vedere il confessore, senza però ascoltarne la confessione. Per una questione di comodità l'infermeria dovrà essere ubicata vicino alla porta della Clausura, *in sito comodo, arioso ed allegro per sollievo delle inferme e delle convalescenti*[420]. A vestire la Romita defunta saranno le consorelle, che condurranno la salma nel Capitolo o nel Coro, dove si svolgeranno le esequie e i dovuti suffragi. Per ricordare i defunti (le Romite, i parenti e i benefattori) durante l'anno si terranno *tre anniversari*, con la lettura di un *Uffizio di morti* ed una messa cantata.

---

[417] *Ivi.*
[418] *Ibidem*, p.94.
[419] *Ivi.*
[420] *Ivi.*

· CAPITOLO XXIII- Delle Converse e loro numero. Le Converse, prima di essere ammesse al Noviziato dovranno vivere un anno da Oblate, *vestite però da Romite*[421]. In questo lasso di tempo si verificherà *se hanno veramente forze sufficienti per resistere a tutte le fatiche della Comunità*[422]. Circa il loro numero, questo dipenderà dall'organico delle Romite di Coro e dalle *forze e stato e possibilità del monastero*[423]. Le Converse *dovranno faticare con animo pronto, allegro e coraggioso per la santa Comunità e dovranno essere umili, divote, ubbidienti e rispettose* [424].

· CAPITOLO XXIV- Del sito dei monasteri e cura della chiesa. Le *Terziarie questuanti* avranno una cura particolare della chiesa e la terranno sempre pulita. Il sito dove ubicare il monastero dovrà essere *di buon'aria*[425], dotato di orto e giardino. In base alla dieta prescritta, considerato che le *Romite* non dovranno mai mangiare carne se non quando sono inferme, l'orto fornirà *gli erbaggi e i frutti secondo le stagioni e tempi*[426].

---

[421] *Ibidem*, p. 96.
[422] *Ivi.*
[423] *Ivi.*
[424] *Ibidem*, p. 97.
[425] *Ibidem*, p. 98.
[426] *Ibidem*, p. 99.

Ex ossibus di san Giovanni Battista.
Reliquiario del XVIII secolo

Le *Regole*, considerate *la strada sicura per farsi sante*[427], includevano una *tabella-calendario* nella quale erano distribuite, per i mesi dell'anno, le ore *secondo la mezzanotte di Genova*. Seguivano in appendice quattro *Formule*: la prima riguardante l'ammissione delle donzelle al convento e, in particolare, il momento della vestizione delle *Romite di San Giovanni Battista*; la seconda da recitarsi in occasione della *Professione solenne*; la terza formula concernente l'elezione della Madre ed infine la quarta circa il cosiddetto *Capitolo delle colpe*.

Nella *Storia degli ordini Regolari* del 1796 vi è un curioso compendio della *Regola* delle *Battistine*:

[1]. Non possono ricever vedove.

[2]. Fanno un anno e mezzo di Noviziato e dopo questo pronunziano i quattro voti solenni[428].

[3]. Le loro celle hanno da esser piccole, capaci soltanto del letto, di una sedia e di un tavolino, di una cassetta per tenervi le cose, delle quali sarà loro dalla Superiora permesso l'uso di un altarino colle immagini del *Crocifisso*, dell'*Annunziata*, di *S. Michele Arcangelo*, di *S. Giovanni Battista*, di *S. Romualdo* e di *S. Eufrasia*, che debbono essere tutte di carta, ed eguali in tutte le stanze e di niente

---

[427] *Ivi*.

[428] Si tratta dei voti di *povertà, castità, ubbidienza e clausura*. Cfr. F. Cozzolino, cit., p. 187: la Solimani mostrò la sua contrarietà ad avere in parlatorio *due grate distinte*, una per le monache e l'altra riservata alla Superiora. Cfr. L. Canepa, cit., p. 200: alla Venerabile non piaceva "bivaccare" in parlatorio o alla ruota e voleva che anche le *Romite* provassero rincrescimento *e non si affezionassero a parlar con persone di fuori*. Per questo motivo diceva: -*Figliuole, l'ufficio di parlare alla ruota con i secolari fatelo pur di mal grado, che non importa, perché così vi sbrigherete presto*-.

altro, senza la licenza dell'Abbadessa, che insieme colla vicària deve una volta al mese visitarle.

[4]. Osservano una perfetta vita comune e perciò hanno le porte delle celle senza serratura, e lavorano tutte insieme per la Comunità e mentre lavorano osservano da principio il silenzio, e poi recitano la Corona del Signore e cantano quindi alcune laudi spirituali.

[5]. Non possono scrivere lettere a chicchessia, né aprirle, quando le ricevono, senza la licenza espressa della Superiora, se pure non trattano di affari di coscienza.

[6]. Mangiano sempre di magro, fuorché nelle domeniche, lunedì, martedì e giovedì comuni, nei quali è permesso loro di mangiare i *latticini*. Ancora il loro digiuno è perpetuo e non sono eccettuate che le domeniche ed il giorno di Natale, ma se non sono digiuni prescritti dalla Chiesa possono la sera far la cena anche di una *libbra* di materia e, nei digiuni comandati dalla Regola, può la Superiora, volendo, e se lo giudica espediente, dispensare nei giorni più solenni.

[7]. Dormono vestite, cioè colla tonaca interiore, col soggolo e colla cintura, tanto di inverno che di estate, sopra un saccone ed un capezzale pieno di paglia. Le coperte del letto nelle stagioni fredde essere devono di lana e del colore delle loro vesti e nelle stagioni calde possono essere di canapa, ma scure, della qual materia esser deve tutta la biancheria di loro uso tanto in comune, che in privato.

[8]. È proibito loro nel monastero l'uso dell'oro, dell'argento e della seta, non però nella chiesa, purché peraltro le pianete, i paliotti ed altre cose

destinate al culto di Dio siano fatte dai benefattori o colle limosine dati da questi a tal fine.

[9]. Nelle loro chiese non vi debbono essere che tre altari col coro, in cui recitano l'*Uffizio divino* secondo il rito della Santa Chiesa Romana con quest'ordine, cioè il *Mattutino,* un'ora dopo la mezzanotte; *Prima* e *Terza* in un'ora competente della mattina secondo i tempi; *Vespro*, prima delle venti ore e *Compieta* verso le ore ventidue.

[10]. Assistendo esse in coro alla messa cantata, che cantar si deve secondo le occorrenze, debbono ciò fare con canto semplice e piano, conveniente a religiose *Romite,* e perciò è proibito loro di imparare qualunque canto e suono.

[11]. Sono obbligate a fare ogni giorno un'ora di orazione mentale dopo il *Mattutino* o dopo *Prima* e *Terza* nell'estate; un'altra ora dopo la *Compieta* e mezz'ora dopo la cena.

[12]. Si comunicano in tutti i mercoledì e venerdì ed in tutte le feste, se non piacerà al confessore di permettere che si comunichino ancora in altri giorni, dalla di cui prudenza dipendono eziandio per portare il cilizio, che tutte peraltro aver debbono nella cella.

[13]. Fanno la disciplina nei lunedì, mercoledì e venerdì né possono lasciarla se non in caso di infermità o colla licenza della Abbadessa.

[14]. Ogni giorno un'ora la mattina ed una dopo il *Vespro* osservano il silenzio e mezz'ora dopo il pranzo ed un quarto in circa dopo la cena stanno in ricreazione, né possono portare addosso sulla

carne se non panni di lana e non potendo resistere
devono ricorrere alla Superiora.

[15]. Se è possibile i loro monasteri hanno da
essere situati dentro le mura della città o nei
sobborghi popolati della medesima.

[16]. Oltre le monache da coro e le converse, vi
debbono essere ancora alcune *Terziarie*, le quali
hanno da aggiustare la chiesa e tenerla pulita e
principalmente cercare la limosina per le Romite,
chiedendola in onore della Santissima Trinità e di
San Giovanni Battista. *[Dette Terziarie]* se il
monastero è sufficientemente provveduto per tre
giorni, possono andare alla questua, e senza chiedere
la limosina, prendere soltanto ciò che loro viene
dato spontaneamente. Per loro abitazione aver
debbono una *Casa* vicino al monastero ed il numero
di esse può giungere fino a sette, le quali non
devono andar mai sole, né entrare in casa di alcuno,
se non in caso di pioggia o di altro bisogno e sono
obbligate a confessarsi dallo stesso confessore
ordinario delle Romite, per il qual fine nella chiesa
del monastero esser vi deve un confessionale.
Non è loro permesso di entrare nella clausura
delle Romite senza la licenza dell'ordinario, siccome
è loro anche vietato introdurre uomini o donne
nella *Casa* in cui dimorano. Queste *Terziarie* si
permettono solamente, fintantoché, con i lavori delle
monache o colle limosine raccolte, si stabilisca
un fondo sufficiente per il mantenimento del
monastero, poiché fatto un tal fondo debbono esse
entrare nella clausura e professare come le converse
rinchiuse, oppure andare senz'abito alle loro
Case.

[17]. L'Uffizio delle Converse consiste in recitare
ogni giorno per il *Mattutino* 25 *Pater* ed *Ave* con un
solo *Gloria Patri* in fine; per le *Laudi* 10 *Pater* ed *Ave*

con un *Gloria* in fine, altrettanti per il *Vespro*; e 7 per ciascheduna delle altre ore.

[18]. Fuori dell'Abbadessa, che può parlare con tutti secondo il bisogno del monastero, all'altre religiose non è permesso di far ciò, se non tre volte l'anno con i soli parenti in primo e secondo grado, comprensivi ancora i cognati e le cognate e quando parlano hanno da essere coperte col velo, e deve esser loro presente un'ascoltatrice.

[19]. Le *Velate* e le *Converse* fanno i medesimi voti solenni e vestono nella stessa maniera, portano, cioè sia le une che le altre una tonaca esteriore di lana ordinaria, di color di cannella oscura, lunga fino a terra ed un'altra più corta al di sotto di lana meno ordinaria. Né possono avere più di quelli due abiti.

[20]. Lo scapolare è lungo due palmi in circa, ed è lungo quanto la tonaca esteriore, come ancora il manto o mantello, di cui debbono far uso nelle funzioni solenni e nelle Comunioni dei giorni festivi, e tutto è di color cannella come la tonaca.

[21]. Vanno con i sandali di corda, tessuti al di sopra a modo di *guiggia*, e non possono usare tele, se non di canapa, di cui esser debbono ancora i fazzoletti da naso, fuorché nella chiesa e nell'infermeria.

[22]. Il velo delle *Novizie* e delle *Converse* è di bambagina crespa, del colore della tonaca, e le *Velate* portano sopra di questo il velo nero, parimente di bambagina, ma più sottile, come è ancora il soggolo colla frontiera, di colore però di cannella più chiaro della tonaca[429].

---

[429] Cfr. L. Canepa, cit., pp. 211-212. La bambagia color cannella (come l'abito) della quale dovevano essere veli e frontali, *pigliava difficilmente e perdeva presto quella tintura*. Gli esperti avevano

Venerabile
GIOVANNA BATTISTA SOLIMANI
Fondatrice
delle Monache Romite di S. Giovanni Battista

consigliato di evitare l'utilizzo di questo colore, *acciocché per la qualità della tinta, il continuo uso non venisse a nuocere alla sanità.* La Solimani volle che si trovasse una soluzione e fu infatti escogitato il modo di tingere il velo e i frontali *in guisa che il colore fosse a piacer di lei e durevole e di poca spesa.* All'inizio a Moneglia, quando veniva ricevuta in Comunità qualche nuova zitella, dalla quale non si esigevano né denaro né dote (ed erano bandite *le donnesche curiosità*), le aspiranti *Romite* dovevano indossare una veste di lana (il colore, allora, non aveva importanza) modesta e semplice, con le maniche lunghe per coprire le braccia. Non erano consentiti né il manicotto, d'inverno, né il ventaglio, d'estate (Cfr. L. Canepa, cit., p. 75).

5. LE MASSIME SPIRITUALI
DI SUOR GIOVANNA BATTISTA
SOLIMANI

La mistica santa *Caterina da Genova* (1447-1510),
autrice de *Il Trattato del Purgatorio*, alla quale suor
Giovanna Battista Solimani era molto devota

*L*a Solimani fu un modello di comportamento, un punto di riferimento per le sue preclare e specchiate virtù, per la sua purezza, genuinità ed autenticità.

La Serva di Dio non smise mai, fino agli ultimi giorni, di ammaestrare le sue *Figliuole*.

Indimenticabili i sermoni fatti nella *Vigilia* del *Natale*: era *tutta infiammata d'amor di Dio*[430]; mostrando Gesù Bambino, diceva alle altre monache: -*Venite a vedere!..Io gli ho detto che voglio amarlo quanto più posso*[431]-.

Il Presepe: la Solimani digiunava durante la *Novena* del Natale

---

[430] L. Canepa, cit., p. 276.
[431] *Ibidem*, p. 278.

160

Con saggezza, *vigilanza e destrezza*[432], era *attentissima al governo del suo monastero*[433] e spegneva, sul nascere, la più piccola contesa, la *lieve scintilla*[434] che avrebbe rovinato la pace, la concordia e la tranquillità della comunità.

Non voleva che terminasse il giorno se tra le suore fosse nato uno screzio, al quale poi non fosse seguito un chiarimento e, quindi, uno scambievole perdono[435].

Aveva tatto, affabilità nei modi, soavità e piacevolezza. Sapeva che l'*umana fragilità*[436] ci fa commettere errori e che Dio è pronto sempre a perdonare, a patto di riconoscere di essere *creta vile*[437].

Il biografo Canepa scrisse che nel favellare *pareva proprio una fanciulla*[438]. Quando doveva rimproverare qualcuna si metteva, però, in *grave contegno*[439] tale da ispirare *timore e riverenza*[440]. *Nell'ammonire e correggere sapeva meravigliosamente adattarsi alla natura di ciascheduna*[441].

Mostrava una grande sollecitudine e premura per le sorelle che si ammalavano; le accudiva, le

---

[432] *Ibidem*, p. 205.
[433] *Ivi.*
[434] *Ivi.*
[435] *Ivi.*
[436] *Ibidem*, p. 278.
[437] *Ivi.*
[438] *Ibidem*, p. 206.
[439] *Ivi.*
[440] *Ivi.* Per la Solimani la dimestichezza non doveva far perdere alle consorelle il *rispetto* a lei dovuto né il *timore*. Ed aggiungeva che *era lecito ai Superiori l'adirarsi talvolta*. Il suo era un parlar *semplice e franco...e un operar sincero senza finzione*. Univa, osservò il Canepa, *la prudenza del serpente e la semplicità della colomba*. Così *sapeva tenersi ubbidienti* le Romite.
[441] *Ivi.*

esortava a fare *tante aspirazioni amorose a Dio quanti erano i sospiri che lor faceva gittare il male*[442].

Una volta disse che avrebbe voluto avere *i cuori di tutte le creature per amarlo di più*[443]; inoltre, manifestò il rammarico che *troppo poche fossero le sue compagne, per amare un Signore che tanto lo merita*[444].

La *Venerabile* raccomandò sempre l'osservanza della *Regola, la carità scambievole e la mansuetudine e pazienza nel sopportare in pace ciò che di spiacevole lor venisse detto o fatto*[445].

Le *Romite* avrebbero dovuto cogliere le opportunità di *fare atti di virtù in vita*, non potendoli fare in morte. Suor Solimani era molto devota della mistica santa Caterina da Genova (1447-1510)[446]. E a proposito del *fuoco interiore* che arse il petto della patrona della città, canonizzata nel 1737, rivolgendosi alle Romite che le chiedevano di impetrare per loro a Dio *una favilla di quella fiamma che ardeva*[447] nella Serafina: «*E come potreste continuare a vivere?-*, rispose loro-. *Basterebbe un attimo e sareste combuste dal fuoco. In confidenza, nemmeno io so come abbia fatto a sopravvivere quando, avendomene il Signore concesso un lampo, ebbi la sensazione di morire all'istante, gridando: -Non resisto più, o Signore, non resisto-*»[448].

Dopo il *Vespro*, ed era questa un'altra lodevole costumanza, le suore si radunavano per un'ora in una

---

[442] *Ibidem*, p. 204.
[443] *Ibidem*, p. 280.
[444] *Ivi.*
[445] *Ibidem*, p. 279.
[446] *Ibidem*, p. 48; F. Cozzolino, cit., p. 62. La Solimani era molto devota a santa Tecla, discepola di san Paolo eremita, di san Romualdo, santa Maria Maddalena de' Pazzi e di san Filippo Neri.
[447] F. Cozzolino, cit., p. 191. L. Canepa, cit., p. 199.
[448] *Ivi.*

stanza e qui la *Venerabile* condivideva riflessioni, meditazioni sul peccato e sulla morte[449].

Si tratta di una serie di *massime* che i biografi hanno diligentemente riportato nelle *Vite*:

***

[1] Mio Dio, dilatate la vostra Fede; mandate ambasciatori fedeli in tutte le parti del mondo ad annunziare il santo Vangelo. Sì, mio Dio, fatevi conoscere da tutte le creature, perché vi amino[450].

***

[2] Spirito di verità! Bevanda d'amore. Amore divino[451].

***

[3] Le opere di Dio non patiscono indugi[452].

***

[4] La mia *fidanza* è riposta in Dio: Egli ha calcina, ferramenta e mattoni e quanto vi ha d'uopo a murare; ed oltre a ciò è ricchissimo[453].

***

---

[449] Cfr. L. Canepa, cit., 263. Le suore restarono sbigottite dall'immagine di quel peccatore disperato che la Giustizia divina non fece entrare in Paradiso. Dio, infatti, lo ricacciò nell'Inferno, facendolo ghermire da un branco di demonii.

[450] L. Canepa, cit., p. 140.

[451] *Ibidem*, p. 120. Esclamazione che la Solimani pronunciò il giorno di Pentecoste del 1738.

[452] Cfr. L. Canepa, p.134; A. Bacigalupo, cit., p. 124.

[453] *Ibidem*, cit., p. 55.

[5] O santa ubbidienza! Senza di te non posso far nulla![454]

***

[6] Dunque, il Figliuolo dell'Eterno Padre, l'innocentissimo Agnello di Dio ha da sostenere la morte e morte di Croce? Ah, a me e non al mio Gesù tocca la Croce! Io, sì, io voglio in scambio di Lui essere crocifissa[455].

***

[7] Dio lo faccia santo[456].

***

[8] Gesù, siete Voi pur bello, ma non gradito; siete ricco, ma non conosciuto; siete tutto *Amore*, ma non riamato[457].

***

[9] Amore, abbruciami!
Amore, purificami! Incatenami! Feriscimi!
Infiammami! Consumami!

---

[454] L. Canepa, cit., p. 57.

[455] *Ibidem,* p. 121. In questa circostanza la Solimani distese le braccia come se fosse in Croce e restò immobile. Alle suore parve *che non toccasse terra.* Questo *stato di alienazione* fu per loro *uno strano e nuovo spettacolo.* Così il Canepa, alla pagina citata: [la Solimani era] *impallidita in viso, con nera spuma alla bocca, coi nervi stirati nel collo, colle braccia intirizzite e rigide, come se fosser di quercia.*

[456] *Ibidem,* p. 201. Così diceva quando congedava coloro che la andavano a trovare.

[457] *Ibidem,* p. 196. La Solimani voleva amare Gesù anche per quelli che non lo amavano: chiedeva di avere tanti cuori, *quante sono le arene e le gocce del mare, le stelle del cielo, le fronde degli alberi.*

Ah, caro! Aspettar non posso più; dammi il tuo *Amore!*[458].

***

[10] Figliuole, pregate per me il Signore a far che io pur l'ami, perché vi dico che io non ho in me *scintilla d'amore.* Misera me, o mio Dio, che non Vi amo! Non ho che il sol desiderio di amarvi! Oh, se Vi amassi veramente da senno! Che farete, mio Dio, di questa vil creatura priva del vostro *Amore?*[459].

***

[11] Oh martirio d'amor, che mi trafigge! Ardo d'amarti, o Dio, ma non ti posso amar quanto desìo; e mentre in tal martirio l'amante mi consuma e non l'amore, ardirò di gridare ad alta voce, che è più la pena mia che la tua Croce. Viver voglio sol per amare, amar per patire, patire per morire, morire per lodar Dio[460].

***

[12] Il *contrassegno* di amare Iddio è osservare i comandamenti ed imitare gli esempi che Cristo ci ha lasciati[461].

***

[13] Ah, maledetto peccato!

---

[458] *Ivi.*

[459] *Ivi.*

[460] *Ivi.*

[461] *Ibidem*, p. 197: la *Venerabile, per l'aborrimento sommo che portava al peccato, al solo nome ne impallidiva, tremava, le venivano degli sfinimenti e, per impedirlo, sariasi gittata volentier tra le fiamme.*

Potessi io distruggerti affatto e levarti dal mondo! Come lo farei volentieri! Deh, fate, mio Dio, che tutti conoscano quanto gran male egli è, quanto abominevole e sozzo e quanto da Voi odiato, che conoscendolo bene, non lo commetteranno di certo[462].

***

[14] Se venissi a sapere che offendete Dio, monterei in collera come una *tigre*[463].

***

[15] Quando avrete fatto tutte quelle cose che vi sono comandate, dite:
-*Siam servi inutili: abbiam fatto quel che dovevamo fare*-[464].

***

[16] Se la Fede creder non mi facesse che un Dio, per amor dell'uomo, si sia cotanto *inchinato* di vestirsi della fragile nostra carne e accomunarsi e *appareggiarsi* con noi, io nol potrei creder mai. E qual meraviglia non è Egli, e chi non istordisce al pensarlo che il Figliolo dell'Eterno Padre, che sempre e sarà sempre in se stesso beato, onnipotente, immenso e perfettissimo, egualmente che il Padre, si *abbassi*, si *umili*, si *annichili*, celando l'infinita sua maestà e gloria sotto le sembianze di un pargoletto, racchiusosi nell'utero di una Vergine, nasca in una stalla

---

[462] *Ivi.*
[463] *Ivi.*
[464] *Ibidem*, p. 280.

ove, patendo estremo disagio d'ogni cosa, costretto sia a riscaldarsi al puzzolente fiato di due animali? E per chi, e per qual cagione inchinossi Egli tanto e tanto sostenne, se non per noi, vilissime ed ingratissime creature, e per salvarci? Oh, questa sì che eccede le meraviglie tutte di tanto che la debole mente non giunge a comprenderla[465].

***

[17] Tre cose Dio vuole da noi ed io voglio che le promettiamo...Vuole umiltà vera ed interna; vuole che il cuor nostro sia congiunto inseparabilmente al suo; e la nostra volontà stia sotto ai suoi piedi...Sappiate che queste tre cose, a nome di tutte, io le ho promesse al Signore e che della promessa ne è testimonio la Vergine.
Ahi, che queste nostre volontà non sono ancora bene purificate e monde![466].

***

[18] Mie figliuole, sapete cosa vuole da noi il Signore? Che ci purifichiamo ben bene in questa vita, per potere alla morte agili e franche spiegar diritto il volo al Paradiso come colombe[467].

***

[19] Cerco anime per il Signore!

---

[465] *Ibidem*, p. 224.
[466] *Ibidem*, p. 225.
[467] *Ibidem*, p. 281.

Ah, se potessi guadagnarle tutte a Lui![468]

***

[20] Mie care figliole, volete che io vi ami?
Amate Dio e io amerò voi[469].

***

[21] Io so bene che non siete amato, o mio
Dio, perché non siete conosciuto; deh, datemi
per un momento almeno la vostra
onnipotenza e farò sì che vi amino le
creature tutte e se di *buon grado* non
vorranno amarvi, farovvi amare *per forza*[470].

***

[22] Oh, se io potessi mettermi sulle porte
dell'Inferno per impedirne a tutti l'entrata e
far che amassero Dio! Quando verrà,
Signore, quel dì, in cui mi unirò a Voi per
meglio amarvi? Vorrei che le *Nazioni* tutte Vi
conoscessero e Vi amassero come *primo
principio* ed *ultimo fine*[471].

***

[23] Se Dio condannar mi volesse
all'Inferno e con un lume superiore lo
conoscessi tanto chiaramente da non
poterne dubitare, pur vorrei amarlo con tutto
lo sforzo possibile del cuor mio. I mali tutti
dell'Inferno torrei sopra me di buon grado sì

---

[468] *Ibidem*, p. 198.
[469] F. Cozzolino, cit., p. 191; L. Canepa, cit., p. 198.
[470] A. Canepa, cit., p. 199.
[471] *Ivi*.

veramente che le anime dei dannati e i cuori degli uomini tutti potessi accendere del divino *Amore*[472].

[**24**] Figliuole, amiamo Dio per tutti quelli che non lo vogliono amare. Oh quanto poche voi siete per amarlo![473].

***

[**25**] *(Durante il Carnevale, stando in coro a pregare, così si rivolse alle altre suore).*
Opponiamo un argine alla strabocchevole piena di peccati che adesso più che mai inonda e ristoriamo il disonore che a Lui si fa. Questo, mie figliuole, è il nostro *Carnevale* con il Signore![474].

***

[**26**] *(In riferimento ai poveri, così disse alle Romite).*
Quelli veramente sono afflitti e tribolati[475].

***

[**27**] Io ho sempre avuto un cuore come di *pasta*, per ricevere le impressioni dell'altrui male e così sensibili mi si rendono le tribolazioni del prossimo mio, che non posso non compatirlo e giovargli *il meglio che sappia e il più che possa*[476].

---

[472] *Ivi.*
[473] *Ivi.*
[474] *Ibidem*, p. 200.
[475] *Ibidem*, p. 201.
[476] *Ivi.*

***

[**28**] Signore, io mi offro volentieri a fare penitenza, non solo dei peccati miei, ma di quelli del Cristianesimo tutto: vengano pur sopra me tutte le pene, che io non ricuso, dove mi venga fatto di convertire le anime anche a costo del mio sangue[477].

***

[**29**] (Questa era una giaculatoria che ripeteva spesso). *Salvum fac populum tuum Domine*[478].

***

[**30**] (*La nipote suor Chiara Maria Battista Vernazza, origliando dietro la porta della sua cella, la sentì rivolgersi a Dio e pronunciare queste parole*).
Io desidero morire martire per salvare tutte le anime, le quali grandemente mi stanno a cuore. E dicovi che se già fossi per metter pié sulla soglia del Paradiso e vedessi al mondo un'anima che corresse il rischio di perdersi, eleggerei di tornar nel mondo a sostenervi un'eternità di pene, per salvarla: e vi pregherei tanto né resterei di far penitenza, finché la salvaste[479].

***

---

[477] *Ibidem*, p. 202.
[478] *Ivi*.
[479] *Ivi. Gli uomini, dopo gli Angeli, sono le fatture più belle uscite dalla mano del Supremo Artefice;* suor Solimani si doleva del fatto che, a causa del peccato, molti non si sarebbero potuti salvare e "congiungere" al *Sommo Bene* ed allora *si sentiva scoppiare il cuore per il dolore.*

[31] Può ben dirsi di non potere andare in coro al *Mattutino* o agli altri uffici, ma non può già dirsi di non essere paziente, umile, caritatevole⁴⁸⁰.

VENERABILE
Giovanna Battista Solimani

FONDATRICE
DELLE MONACHE ROMITE DI S. GIOVANNI BATTISTA

---

⁴⁸⁰ *Ibidem*, p. 203.

L. da Vinci p.   4 Alta. 3 Lata.   27   I. Troyen f.

Salomé con la testa del Battista. Incisione di Jan van Troyen (1610-1670)

[32] Deh, Signore, fatemi pur patire qualunque pena, ma salvate tutte le mie compagne[481].

***

[33] Mie Figliuole, io vi amo tutte *nel Signore* e *per il Signore*: amo l'anima vostra e le sante virtù. Vi vorrei tutte sante e che tutte ci trovassimo insieme ad amare Dio in Cielo, che del resto poco mi *cale.*[482]

***

[34] Mio Dio altro non bramo, altro non voglio che amarVi e possederVi[483].

***

[35] (Alle suore che lavoravano i fiori)
Mio Signore io sto lavorando questi fiori per ornamento della vostra Chiesa e voi ornate l'anima mia delle sante virtù. Pregate l'Angelo custode che presenti a Maria santissima il vostro lavoro e Lei, che offrendolo a Dio, vi ottenga la grazia di più conoscerlo ed amarlo[484].

***

[36] La legge di Dio è dolce e soave; non c'è nulla di troppo aspro e difficile ad eseguirsi. Tutte le cose che questa legge comanda sono di loro natura sì giuste, oneste e ragionevoli

---

[481] *Ivi.*
[482] *Ivi.*
[483] *Ibidem*, p. 208.
[484] *Ivi.*

che spontaneamente dovranno farsi, benché non fossero comandate. Ognuno dovrebbe astenersi da ciò che è vietato, come da cose per sé disdicevoli, benché non vi fosse il divieto[485].

***

[**37**] Io voglio in ogni modo, mio Dio, o che facciate rispettare il vostro santo Nome o voi fatemi morire[486].

***

[**38**] (Durante l'ora di adorazione una volta disse queste parole, *struggendosi in tenerissimi affetti*).
Il Padrone si fa sulla porta a rimirar le sue Spose; *ci* passeggia un poco sull'altare.
Udite che dolce armonia![487]

***

[**39**] Immaginatevi che san Michele raccolto abbia gli atti di virtù da voi praticati in questo *Avvento* ed offerti alla Vergine e questa al divino Padre ed Egli ne abbia fatto un dono al suo Figliuolo. Potete pensare che Egli abbia intrecciata come una corona di gigli e di altri fiori di ogni fatta e di colori diversi e che entro ad ogni fiore vi fosse un cuore. Egli non è poi da pensare che fossero cotesti cuori tutti egualmente belli, ma bensì *qual più* e *qual meno*, siccome i fiori più o meno odorosi e quale del tutto aperto, quale in parte chiuso e

---

[485] *Ibidem*, p. 263.
[486] *Ivi.*
[487] *Ibidem*, p. 274.

I. Palma iunior p.   7 Alta. 6 Lata.   186   I. Troyen f.

Un'altra incisione su rame di Jan van Troyen (1610-1670)

175

Nella *Cattedrale di San Lorenzo* a Viterbo, in questo superbo reliquiario di Angelo *tunicato*, si conserva una parte della *sacra mandibola* di san Giovanni Battista. Molte sono le teste del Battista dislocate in diverse cattedrali d'Europa. Una di queste si trova a Roma, nella chiesa di *San Silvestro in Capite*. A *San Lorenzo* a Genova si custodisce *il piatto di bronzo* sul quale fu posata la testa del Battista, mostrata da Salomé a sua madre. Cfr. J. Albin-S. Collin de Plancy, *Dizionario delle reliquie e delle immagini miracolose*, Newton Compton editori, 1982; N. De Matthaeis, *Andar per miracoli. Guida all'affascinante mondo delle reliquie romane*, Intra Moenia, 2013.

qual immaturo che dalla boccia spuntasse appena[488].

***

[40] Oh eternità! Oh bontà di Dio! Oh infinita misericordia! Oh grandezza di Dio![489]

***

[41] (Ai muratori che stavano lavorando al monastero pagò regolarmente la giornata, *«perché troppo le stava a cuore che i poveri operai non sentisser danno e non si rammaricassero di lei»*. Il vitto, per le suore, scarseggiava e lei così esclamava).
Il Padrone vi penserà!

***

[42] (Nel giardino del convento ricordava alle Romite di passeggiare nei luoghi più nascosti per evitare di essere osservate). Siamo chiamate al divino servigio *fuori del mondo;* bisognerebbe che dimenticate fossimo affatto e neppur conosciute per poter così, senz'altra cosa che ci distraesse, occuparci tutte nell'amore e nel servigio del nostro divino Sposo[490].

***

[43] La castità è una virtù troppo cara a Dio e delicata troppo e tutta propria delle Vergini a Lui consacrate in spose...Un fior tenero, candido ed odorifero, ma che languir potrebbe se la modestia non lo custodisse; un tesoro

---

[488] *Ibidem*, p. 279.
[489] *Ibidem*, p. 283.
[490] *Ibidem*, p. 209.

nascosto, ma insediato dai rapitori, cui però bisogna non lasciar mai di guardare[491].

***

[44] *(Al suo medico Ignazio Curletto, che la visitò e sentì nello stomaco "gorgogliar il catarro").*
Facciasi pure la volontà di Dio: io ne son ben contenta[492].

***

[45] *(Nella sua ultima malattia, tra tante sofferenze).* Prima di andare al Signore è ben d'uopo purificarsi e struggersi come *incenso* nel fuoco[493].

***

[46] Questo è il manto della purità[494].

Durante l'*Avvento* la Solimani era solita distribuire dei *bollettini* dove scriveva, *di sua mano le virtù da esercitarsi e le mortificazioni e le preghiere da farsi in quel tempo*[495].

---

[491] *Ivi.* Cfr. A. Bacigalupo, cit., p. 78: la Solimani paragonò la castità *ad uno specchio tersissimo, che al minimo tatto od alito si appanna e si macchia.* Pertanto, *vietava il toccarsi la mano tra esse o baciarla al confessore.* Una volta ad una popolana che era tutta scollacciata regalò uno scialle (A. Bacigalupo, cit., pp. 78-79). Cfr. L. Canepa, p. 84.

[492] *Ibidem*, p. 285.

[493] *Ibidem*, p. 286; cfr. G. Musso, p. 159.

[494] *Ibidem*, p. 288; cfr. G. Musso, p. 159. Queste furono le sue ultime parole; anche in punto di morte volle mantenere *la verginal modestia e pudicizia.* Cfr. L. Canepa, cit., p. 20: un giorno, durante la sua fanciullezza, un domestico tentò di approfittare di lei *con qualche atto di cui inorridì*; invocò la Madonna ed *immobile divenne come un tronco ben radicato*; G. Musso, cit., p. 46.

[495] *Ibidem*, p. 276: anche la Solimani pescava a sorte un *bollettino* contenente una mortificazione; una volta le capitò il fioretto di fare un certo numero di adorazioni e la videro *baciare i gradini delle scale.*

Alla sua morte suor Chiara Maria Battista Vernazza consegnò a ciascuna *Romita* un bigliettino che la Serva di Dio, sua zia, aveva scritto *di proprio pugno*[496] e che conteneva un'esortazione oppure l'elogio della povertà, della carità, dell'ubbidienza e dell'umiltà.

Le monache ricevettero queste cartucce autografe *come un caro gioiello lasciato dalla loro Madre*[497].

Oltre a questi foglietti la *Venerabile* lasciò *altri saggi avvertimenti*[498] circa il buon governo del monastero.

In essi, ad esempio, rimarcò l'importanza dell'*assiduità al lavoro*[499] nel monastero ed elogiò la parsimonia: a tal proposito affermò che *tante piccole cose, a lungo andare, fanno una somma notabile*[500].

Cartina-reliquia con la polvere del luogo dove, secondo la tradizione, nacque san Giovanni Battista

[496] *Ibidem,* p. 290.
[497] *Ivi.*
[498] *Ivi.*
[499] *Ibidem*, p. 209.
[500] *Ivi.*

Cfr. L. Canepa, cit., p. 8. La Venerabile fu particolarmente devota a *Gesù Bambino*, nei confronti del quale provava *affetto* e *tenerezza*. Durante la *Novena di Natale* osservava un rigoroso digiuno; fin da piccola Maria Antonia amava realizzare la *capannuccia* del Presepe e faceva ciò non per semplice *vaghezza* o *per trastullo*, ma *per sincera devozione*

Icona di argento della *Venerabile* Solimani,
realizzata dall'orafo grottagliese Davide Quaranta

CON LA COSTRUZIONE
DELLA NUOVA CHIESA
PRECISAMENTE ALLA DISTANZA
DI DUE ANNI DALLA CONSACRAZIONE
NEL LOCALE RETROSTANTE
FURONO PIAMENTE DEPOSTE
LE SPOGLIE MORTALI
DELLA VEN. SERVA DI DIO

GIOVANNA M. BATTISTA SOLIMANI

FONDATRICE E PRIMA ABBADESSA
DELLE ROMITE BATTISTINE
E DEL SERVO DI DIO
SAC. FRANCESCO DOMENICO OLIVIERI
CONFESSORE DELLA VENERABILE

19 – VI – 1962

La *lapide* posta sopra il loculo contenente
le *spoglie mortali* di suor Solimani

■ BIBLIOGRAFIA[501]

[1749]

- **G. B. Solimani**, *Regole delle Romite di S. Giambattista, approvate da nostro Singore Benedetto Papa XIV*, Dalle Stampe di Paolo Scionico, Genova 1749.

[1754]

- **G. M. Saporiti**, *Decretum de erectione ad fundatione primi monasterii novi Ordinis sacrarum virginum eremitarum S. Joannis Baptistae praecursoris Domini*, in «Raccolta di alcune notificazioni editti ed instruzioni pastorali», Stamperia di Generoso Salomoni, Roma 1754, tomo I, pp. 424-430.

[1782]

- **G. Placidi**, *De vita Servae Dei Joannae Mariae Baptistae Solimani, quae Ordinem virginum eremitarum et sacerdotum missionarium congregationem Sancti Joannis Baptistae fundavit*, Tipografia di Antonio Fulgonio, Roma 1782.

---

[501] Gli altri volumi citati nel libro sono stati segnalati nelle rispettive note *in calce*.

[1787]

• **L. Canepa**, *Vita della Venerabile Serva di Dio Giovanna Maria Battista Solimani, fondatrice dell'Ordine delle Monache Romite*, Genova 1787.

[1796]

• **F. Annibali,** *Storia degli Ordini regolari colla vita de' loro fondatori*, Napoli 1796, tomo IV, pp. 241-289.

[1840]

• **G. Moroni**, *Dizionario di erudizione storico-ecclesiastica, da San Pietro fino ai nostri giorni*, Dalla Tipografia Emiliana, Venezia, 1840, vol. IV.

[1843]

• **G. B. Semeria**, *Secoli cristiani della Liguria. Storia della metropolitana di Genova, delle Diocesi di Sarzana, di Brugnato, Savona, Noli, Albenga e Ventimiglia*, Tipografia Chirio e Mina, volume primo, Torino 1843.

[1847]

• **F. Alizeri**, *Guida artistica per la città di Genova*, Genova 1847, vol. 2, parte seconda, pp. 1072-1079.

[1871]

- **F. Luxardo,** *Vita dell'illustre servo di Dio Domenico Francesco Olivieri, fondatore dei missionari suburbani in Genova e della congregazione dei battistini in Roma,* Tipografia della gioventù, Genova 1871.

- **A. Pitto,** *Della vita e dei costumi del Servo di Dio il p. fra Michelangelo Marchese da Portofino, carmelitano scalzo,* Genova 1871.
[Nel testo in questione è citata suor Solimani]

[1875]

- **A. Bacigalupo,** *Vita della Venerabile Serva di Dio Giov.nna M. Battista Solimani, fondatrice dell'Ordine delle Monache Romite e della Congregazione dei sacerdoti missionari di S. Giov. Battista,* Tipografia della Gioventù, Genova 1875.

[1894]

- **SACRA RITUUM Congregatione,** *Beatificationis et canonizationis venerandae servae Dei Ioannae M.ae Baptistae Solimani fundatricis sanctimonialium et sacerdotuum missionariorum sancti Ioannis Baptistae: nova positio super virtutibus,* Roma 1894.

[1956]

- **H. Thurston S.I.**, *Fenomeni fisici del misticismo*, Edizioni Paoline, 1956.

[1960]

- **G. Musso**, *Una mistica del secolo XVIII. Vita della Madre Giovanna Battista Solimani, fondatrice delle Romite di S. G. Battista*, Genova 1960.

[1999]

- **F. Cozzolino**, *Una Mistica Genovese. Giovanna Battista Solimani, Fondatrice delle Romite di San Giovanni Battista (1688-1758)*, Edizioni Segno, 1999.

[2000]

- **L. Nuovo**, *Giovanna Maria Battista Solimani (1688-1758) e l'Ordine Claustrale delle Romite Battistine (1730)*, in «Quaderni Franzoniani», semestrale di bibliografia e cultura ligure, Anno XIII, n. 2., luglio-dicembre 2000, pp. 309-316.

Santino con reliquia (*ex indumentis*)

" V. G. "

PREGHIERA

O Dio, Trinità Santissima, che vi compiacete di esaltare i piccoli e di dare la vostra grazia agli umili, siate benedetto da tutto il mondo e in eterno.

E poichè voleste servirvi della pia Madre Giovanna Battista Solimani per chiamare alla perfezione religiosa tante anime, ispirandole di istituire le Romite di S. Giovanni Battista, degnatevi coronare la vostra opera, noi ve ne supplichiamo, glorificando la vostra umile Serva, e, per la sua intercessione, concedere alla nostra Patria e a tutta la Chiesa molte anime che la imitino, per la maggior diffusione del vostro regno nei cuori. Così sia.

* V.o si approva
Genova, 25 Marzo 1940
✝ FRANCESCO CANESSA *Vic. Gen.*   Ind. della Ven.

Si prega chi riceve grazia per intercessione della Ven. darne avviso al suo Monastero Romite Battistine Ge-Sturla, Via Bottini.

Il *retro* del santino con l'indicazione
Ind. della Ven. (indumento della Venerabile)

188

■ PUBBLICAZIONI
di Francesco Occhibianco

-*La Masseria "Monti del Duca"*, Tipografia Ettorre, Grottaglie 1997, pp. 71.

-*Padre Vincenzo Campagna S.J.*, Grottaglie 2001, pp. 32.

-*Elogio del naso*, Nicola Calabria editore, 2002, pp. 139.

-*Gli scritti di san Francesco de Geronimo, Apostolo di Napoli*, La voce di Grottaglie, Grottaglie 2003, pp. 254.

-*La gallina fa coccodè*, Bastogi editore, Foggia 2005, pp. 167.

- *Il ciliegio di Washington: legalità, sicurezza e patrimonio rurale*, Locorotondo editore, 2011, pp. 223.

-Il *santissimo Crocifisso tra fede e tradizione- Monteiasi*, Quaderno di ricerche e riflessioni, Istituto Comprensivo Leonardo da Vinci-Monteiasi, Tipografia Ettorre, Grottaglie 2012, pp. 36.

-*La scuola si racconta, attraverso la voce dei protagonisti* (Annuario scolastico 2011/2012), Tipografia Ettorre, Grottaglie 2012, pp. 157.

- *Come "non" perdere le elezioni. Dizionario semiserio dalla A alla Z. #Amministrative 2016: il caso di Grottaglie*, Lulu.com, maggio 2016, pp. 46.

- *Storia del Santuario di san Francesco de Geronimo e dei Padri Gesuiti di Grottaglie*, Lulu.com, luglio 2016, pp. 294.

-*Le reliquie di san Francesco de Geronimo della Compagnia di Gesù. Missionario e Apostolo di Napoli*, Lulu.com, dicembre 2016, pp. 116.

-*Le medaglie commemorative di san Francesco de Geronimo S.I.*, Lulu.com, dicembre 2016, pp. 163.

-*San Francesco de Geronimo. La vita, le prediche, i miracoli del grande missionario della Compagnia di Gesù*, Lulu.com, dicembre 2016, pp. 436.

-*Il Vocabolario di san Francesco de Geronimo S.I. Aforismi, meditazioni e massime spirituali*, Lulu.com, gennaio 2017, pp. 335.

-*Madre Teresa Quaranta. Suore Missionarie del Sacro Costato e di Maria SS.ma Addolorata*, Lulu.com, marzo 2017, pp. 260.

-*Le virtù di san Francesco Saverio S.I., Apostolo delle Indie. Un ciclo di prediche di san Francesco de Geronimo, missionario della Compagnia di Gesù, Apostolo di Napoli*, Lulu.com, maggio 2017, pp. 180.

-*Elogio della pazienza. Prediche inedite di san Francesco de Geronimo della Compagnia di Gesù*, Lulu.com, maggio 2017, pp. 142.

-*Pensieri sull'Eucaristia di san Francesco de Geronimo S.I. Dalle meditazioni eucaristiche del missionario gesuita, Apostolo di Napoli*, Lulu.com, maggio 2017, pp. 184.

-*I fioretti di san Francesco de Geronimo S.I.*, Lulu.com, maggio 2017, pp. 150.

-*La Passione di Cristo. Meditazioni di san Francesco de Geronimo, missionario della Compagnia di Gesù e Apostolo di Napoli*, Lulu.com, giugno 2017, pp. 171.

-*Il bestiario di san Francesco de Geronimo S.I. Gli animali nelle prediche del missionario gesuita, apostolo nel Regno di Napoli*, Lulu.com, agosto 2017, pp. 156.

-*Maria, nemica del peccato. Meditazioni mariane di san Francesco de Geronimo S.I.*, Lulu.com, settembre 2017, pp. 240.

- *Gli scritti di san Francesco de Geronimo della Compagnia di Gesù. Piccolo saggio sugli autografi del santo*, Lulu.com, ottobre 2017, pp. 335.

-*Bartolo Longo a Grottaglie e tre lettere inedite del beato*, Lulu.com, gennaio 2018, pp. 230.

-*Pasquale Fasciano, il gigante di Cinecittà*, Lulu.com, gennaio 2018, pp. 230.

-*Il vero volto del padre Francesco de Geronimo*, Lulu.com, gennaio 2018, pp. 220.

-*Pubblicazioni degeronimiane. [In occasione e in ricordo del Terzo centenario della morte (1716-2016)]*, Lulu.com, marzo 2018, pp. 273.

-*Guida del Santuario di Grottaglie.* [Volume primo: *Cenni storici sui Padri Gesuiti di Grottaglie: dalle origini agli Anni Quaranta*, pp. 248]; [Volume secondo: *Cenni storici sui Padri Gesuiti di Grottaglie: dagli Anni Cinquanta ai giorni nostri*, pp. 228], Lulu.com, maggio 2018.

-*La prodigiosa reliquia del sangue di san Francesco de Geronimo, apostolo di Napoli*, Lulu.com, ottobre 2018, pp. 110.

-*Le Lettere di san Francesco de Geronimo (1642-1716), apostolo di Napoli*, Lulu.com, ottobre 2018, pp. 254.

-*"Lecce mia...che ora è?". Prediche salentine. I primi sermoni del padre Francesco de Geronimo, santo taumaturgo, insigne missionario della Compagnia di Gesù ed Apostolo di Napoli*, Lulu.com, ottobre 2018, pp. 210.

- *Il cordone di frate Egidio*, Lulu.com, dicembre 2019, pp. 139.

- *Prediche sul Natale. Sermoni natalizi di san Francesco de Geronimo (1642-1716)*, Lulu.com, dicembre 2019, pp. 209.

▪ SAGGI

-*Dal pergamo alle piazze. L'arte della sacra eloquenza negli Scritti di san Francesco de Geronimo*, in «Nelle Indie di quaggiù», a cura di Mario Spedicato, Edipan, 2006, pp. 241-266.

-*I riti della Settimana Santa a Grottaglie*, in «Settimana santa a Grottaglie. Riti religiosi e tradizione popolare», a cura di D. De Vincentis, Grottaglie 2009, pp. 14-18.

-*Il massaro di Monteiasi Bonafede Gerunda, un astuto eroe popolare realista*, in «Umanesimo della pietra», Martina Franca, luglio 2012, pp. 79-96.

-*I Gesuiti a Grottaglie* e *Gli scritti di san Francesco de Geronimo*, in «Riscoprire san Francesco de Geronimo (Grottaglie 1642- Napoli 1716). Storia-Culto-Spiritualità» (a cura di Rosario Quaranta). Atti dei cicli di conferenze tenute nel *III Centenario della morte*, Grottaglie 2017, pp. 71-80; 97-121.

■ INDICE

■ Introduzione, p. 5.

■ Prima parte:
Profilo biografico, p. 26.

■ Seconda parte:
Lettera inedita della *Venerabile* suor Giovanna Battista Solimani, fondatrice delle *Romite*, p. 78.

■ Terza parte:
1. La sua totale ubbidienza, p. 101.
2. Estasi e levitazione, p. 107.
3. Il sangue della *Venerabile*, p. 112.
4. Le *Regole* delle *Romite* di San Giovanni Battista, p. 122.
5. Le massime spirituali di Giovanna Battista Solimani, p. 158.

■ Bibliografia, p. 183.

Francesco Occhibianco

San Giovanni Battista: *il Battesimo di Cristo*

APRILE 2020

www.ingramcontent.com/pod-product-compliance
Lightning Source LLC
Chambersburg PA
CBHW030416100426
42812CB00028B/2990/J